AF280368

Markus H. Dahm · Kerstin Müller

Die Revolution der Führung

durch Künstliche Intelligenz

Vom Widerstand zur Begeisterung

in der Arbeitswelt von morgen

Markus H. Dahm
FOM Hochschule Hamburg
Hamburg, Deutschland

Kerstin Müller
Hamburg, Deutschland

ISBN 978-3-69053-000-2
ISBN 978-3-69053-001-9 (eBook)

Illustrationen: Christian Jauch, Hamburg

Layout und Satz sowie Covergestaltung: Markus H. Dahm und Kerstin Müller

Verlag: BoD · Books on Demand GmbH, Überseering 33, 22297 Hamburg, bod@bod.de
Druck: Libri Plureos GmbH, Friedensallee 273, 22763 Hamburg
ISBN: 978-3-8192-9862-2

Wenn Sie dieses Produkt entsorgen, geben Sie das Papier bitte zum Recycling.

Danksagung

Unser herzlicher Dank gilt unserem Illustrator, Herrn Christian Jauch, für die kreativen Bilder, sowie allen, die uns mit ihrem wertvollen Feedback während der Entstehung begleitet haben.

Ein besonderer Dank gebührt auch allen Teilnehmenden der Befragung zum Thema "Artificial Leadership und die Auswirkung auf die Akzeptanz der Mitarbeitenden".

Was Sie in unserem Buch finden können

- Die Bedeutung von KI-gestützter Führung in der modernen Arbeitswelt
- Definitionen von Leadership, Künstlicher Intelligenz und deren Schnittmenge
- Analyse der aktuellen Unternehmenspraxis und Weiterentwicklungen hin zu künstlicher Führung
- Faktoren, die die Akzeptanz von technologischer Führung bei Mitarbeitenden beeinflussen
- Potenziale und Risiken der Integration von KI in Führungsprozesse
- Ergebnisse aus empirischer Untersuchung zur Wahrnehmung und Einschätzung von KI und künstlicher Führung durch Mitarbeitende
- Konkrete Empfehlungen zur Implementierung von Artificial Leadership und Gestaltung der Unternehmenskultur

Vorwort

In der heutigen, schnelllebigen Welt des technologischen Fortschritts stehen wir an einem Wendepunkt, der die Art und Weise, wie wir arbeiten und führen, grundlegend verändert. Künstliche Intelligenz (KI) und automatisierte Systeme haben bereits Einzug in viele Bereiche unseres Lebens gehalten und beeinflussen zunehmend auch die Arbeitswelt. Unser Buch befasst sich mit einem der spannendsten und zugleich herausforderndsten Themen unserer Zeit: der Integration von KI in Führungsprozesse und die damit verbundenen Auswirkungen auf die Mitarbeitenden.

Wir bieten in dem Werk einen fundierten Einblick in die Welt der künstlichen Führungskräfte. Wir beleuchten, wie KI-basierte Systeme die traditionelle Führung verändern und welche Potenziale und Risiken mit dieser Transformation einhergehen. Dabei legen wir besonderen Wert darauf, die Perspektive der Mitarbeitenden in den Mittelpunkt zu stellen und deren Akzeptanz gegenüber diesen neuen Technologien zu analysieren.

Wir vereinen in diesem Buch theoretische Grundlagen mit praktischen Fallstudien und einer empirischen Untersuchung. Wir zeigen auf, wie Unternehmen KI-gestützte Führung erfolgreich implementieren können und welche Faktoren für die Akzeptanz und das Wohlbefinden der Mitarbeitenden entscheidend sind. Darüber hinaus geben wir wertvolle Handlungsempfehlungen für Führungskräfte und HR-Experten, die den Wandel aktiv gestalten möchten.

Dieses Buch ist ein unverzichtbarer Begleiter für alle, die sich mit der Zukunft der Arbeit auseinandersetzen und die Chancen und Herausforderungen von Artificial Leadership verstehen wollen. Es bietet wertvolle Einsichten für Fachpersonen aus Wissenschaft und Studium sowie für Praktizierende und Entscheidungstragende, die sich den Herausforderungen der digitalen Transformation stellen.

Wir laden Sie ein, sich mit uns auf diese spannende Reise zu begeben und gemeinsam die Zukunft der Führung zu erkunden.

Markus H. Dahm und Kerstin Müller

Inhaltsverzeichnis

Die Autoren

Prof. Dr. Markus H. Dahm (MBA) ist ein echter Allrounder, wenn es um das Thema Strategie, Organisationsdesign und Personalentwicklung geht. Ob Strategiekonzeptionierung und -umsetzung, Lean Management und Six Sigma, die Digitalisierung von Geschäftsprozessen oder die umfassende digitale Transformation eines gesamten Unternehmens – er ist die zentrale Ansprechperson, wenn es um die erfolgreiche Gestaltung von Veränderungsprozessen in KMU geht. An der FOM Hochschule für Oekonomie & Management bringt er außerdem sein Wissen rund um künstliche Intelligenz, Digital Management und agile Organisationsgestaltung in Lehre und Forschung ein. Seit drei Jahrzehnten teilt er seine Erkenntnisse in Fachartikeln, Blogs und Wirtschaftsmagazinen – sowohl in wissenschaftlichen als auch in allgemein verständlichen Publikationen. Und als wäre das nicht genug, hat er 2006 ein weiteres Talent entdeckt: Er ist seitdem leidenschaftlicher Autor und Herausgeber von Büchern, in denen er sein Wissen und seine Erfahrung auf zumeist unterhaltsame Weise weitergibt.

Kerstin Müller (M.Sc.) ist Expertin für die digitale Transformation im Bereich Accounting und bringt mehr als 10 Jahre Erfahrung in der Finanz- und Rechnungs- wesensbranche mit. Als Beraterin unterstützt sie Unternehmen bei der Optimierung von Geschäftsprozessen und der Implementierung neuer ERP-Lösungen. Ihr berufsbegleitendes Masterstudium in Business Consulting & Digital Management legte mit ihrer Abschlussarbeit den Fokus auf die Analyse der Akzeptanz von Künstlicher Intelligenz, insbesondere in der Anwendung innerhalb von Unternehmensprozessen. Besonders interessiert sie sich für die Integration von KI-Technologien, um durch den gezielten Einsatz ihre Arbeit als Beraterin effizienter zu gestalten und innovative Lösungen für ihre Kunden zu entwickeln. Mit ihrer langjährigen Expertise und ihrem Fokus auf digitale Transformationen setzt sie einen klaren Schwerpunkt auf die Verbesserung von Prozessen und die Implementierung zukunftsfähiger Technologien.

1. Einleitung

Informationen und Daten spielen für Organisationen und deren Steuerung heutzutage eine kritische Rolle. Die wachsende Verfügbarkeit von neuen Technologien beeinflussen in zunehmendem Maß die Verfügbarkeit und Qualität der Daten und führen dazu, dass Entscheidungsfindungen erfahrungsgemäß datengetrieben sind. Fraglich ist, wie diese Entscheidungsprozesse gestaltet werden und insbesondere, ob und inwiefern mensch- oder maschinenbasierte datengetriebene Entscheidungen zum praktischen Einsatz kommen sollten.

Für Unternehmen bedeutet dies, - beruhend auf einer „doppelt digitalen Ambidextrie" - sich mit neuen Entscheidungsfindungsprozessen beschäftigen zu müssen. Diese Beidhändigkeit ist für Unternehmen notwendig, um sich einerseits weiter ihrem Kerngeschäft widmen und andererseits sich den Unsicherheiten sowie Herausforderungen der digitalen Transformation stellen zu können. Zwischen Bestands- und Innovationsgeschäften sowie der operativen bzw. strategischen Entscheidungsfindung erfolgt der Einsatz von Menschen oder Maschinen (KI).

Aus diesen Kombinationen ergeben sich Ansätze für ein Digital Leadership und die Möglichkeit zur Einführung eines Artificial Leaderships:

- Im ersten Fall zeichnet der Mensch für die Entscheidungsfindung innerhalb der digitalen Transformation und Umsetzung verantwortlich.
- Im zweiten Fall ist es die Maschine, welche datenbasierte Entscheidungen trifft.

Quelle: Illustration „Maschine gibt Arbeitsanweisungen" von Christian Jauch.

Unternehmen werden in Zukunft nicht nur die besten Mitarbeitenden sowie Manager und Managerinnen einstellen, sondern auch die besten Algorithmen erschaffen und diesen auch Führungsaufgaben übergeben. Folglich erschließt sich daraus ein Themenfeld, mit welchem wir uns in diesem Buch befassen wollen: Artificial oder KI Leadership. So setzt bereits das deutsche mittelständische Unternehmen aquaRömer eine KI namens „Mary" ein. Via Funk steuert diese selbstständig die Logistikmitarbeitenden im Lager und vergibt Anweisungen. Dies zeigt, dass aufgrund der stetigen

Weiterentwicklung von KI, Maschinen nicht nur einfache Rechenaufgaben im Rahmen der digitalen Automatisierung übernehmen können, sondern mit ihren Ergebnissen Arbeitsabläufe und -prozesse direkt steuern können und damit unmittelbar Einfluss auf Arbeitsanweisungen für die Mitarbeitenden nehmen.

Und selbstverständlich ist auch die Qualität der KI von wesentlicher Bedeutung. Anwendungen werden anhand von Datensätzen trainiert, welche zu Verzerrungen führen und damit eine Diskriminierung darstellen können. Beispielhaft kann dies an einer in den USA in Strafverfahren eingesetzten Software erläutert werden. Diese bewertete Strafgefangene danach, ob jene nach ihrer Entlassung auf Bewährung erneut straffällig werden könnten. Eine Untersuchung durch Journalisten zeigte, dass diese KI mit statistischen Datensätzen trainiert worden war, welche rassistische Stereotype reproduzierte und Angehörigen bestimmter ethnischer Bevölkerungsgruppen pauschal eine höhere Rückfallquote unterstellte.

Zurück zu der Firma aquaRömer GmbH & Co.KG. Die Effizienzsteigerung ging einher mit einer Rationalisierung von Arbeitsplätzen. Zum anderen kam es zu einer Einschränkung der interpersonellen Kommunikation bei den Mitarbeitenden, da ihnen aufgrund permanenter Anweisungen die Zeit für einen sozialen Austausch fehlte. Weiter steht das Thema Datenschutz und KI zur Diskussion, da unklar sein kann, wie eine KI persönliche Daten speichert und verwertet. Auch der Einsatz von KI in Strafverfahren ist

– wie aufgezeigt – äußerst problematisch. Hier ist eine ethische Prüfung gefordert, um eine Reproduktion von rassistischen Stereotypen zu vermeiden.

Deutlich wird, dass die Digitale Transformation nicht nur eine technologische Dimension hat, sondern viele kulturelle und soziale Facetten. Diese entscheiden über die Akzeptanz und den Erfolg der Einführung der Technologien.

Die Entwicklung von KI und deren vorangeschrittenes Mainstreaming im Arbeitsalltag spiegelt sich auch in der 2022 von Deloitte durchgeführten Studie „State of AI in the Enterprise – 5th Edition" wider. In dieser gaben weltweit 2.620 KI-Experten Auskunft über den aktuellen Stand der KI-Entwicklung in ihren Unternehmen. Alle Teilnehmer verwendeten zum Befragungszeitpunkt bereits eine KI-Technologie oder befanden sich in der Implementierungsphase. Die Fragen richteten sich ausschließlich an Führungskräfte mit unmittelbarer Verantwortung im Rahmen der Implementierung neuer Technologien. Die Studie zeigte auf, dass der Einsatz von KI-Lösungen einen relevanten Anteil am Gesamterfolg von Unternehmen hat (vgl. Deloitte 2022). Rund 94 % der Befragten gaben an, dass KI-Technologien für die Zukunft von Unternehmen sehr wichtig oder wichtig seien.

Wir sehen es als kritisch an, dass die Studie lediglich Führungskräfte zu den wirtschaftlichen Aspekten befragt, sich jedoch nicht mit den potenziellen Auswirkungen auf die Unternehmenskultur befasst. So könnten sich zukünftig Veränderungen im Arbeitskontext ergeben, die unmittelbar die Arbeitsbedingungen der Mitarbeitenden betreffen. Hierbei sind Anpassungen in der Entscheidungsfindung und im Führungsverhältnis sehr wahrscheinlich.

2. Leadership und KI: Die Bedeutung für moderne Unternehmen

Die gegenwärtige Geschäftswelt ist von einer Vielzahl von Einflussfaktoren geprägt, die zur Entstehung von Unsicherheiten und Komplexität beitragen. Sie stellen eine zentrale Herausforderung für die Planung und das Design von Unternehmen dar, sowie der damit verbundenen Führung. Das heutige und künftige Unternehmensumfeld ist geprägt von den Einflüssen der Globalisierung und technologischen Entwicklungen. Ebenso erweisen sich politische Rahmenbedingungen, darunter eine Vielzahl an Regulierungen und der Austritt Großbritanniens aus der EU, als Herausforderungen, denen sich Führungskräfte aktuell stellen müssen. Auch im Hinblick auf großflächige gesellschaftliche Entwicklungen gehören neben den Auswirkungen des demografischen Wandels auch eine Werteverschiebung und -vielfalt, die sich in unterschiedlichen Präferenzen und Erwartungen der verschiedenen Generationen ausdrückt.

Führungskräfte im Fokus

Herausforderungen, mit denen Führungskräfte konfrontiert sind und zukünftig sein werden, erfordern eine Leidenschaft für eine auf einem neuen Selbstverständnis der eigenen Rolle basierenden Führung. Wissenschaftliche Beiträge zum Thema Führung verdeutlichen, dass es erforderlich ist, in ungewöhnlichen und kritischen Situationen, ein gut eingespieltes Team zu haben. In diesem sollte die Führungskraft ihre Mitarbeitenden aktiv einbinden, gemeinsam mit diesen handeln und einen angemessenen Spielraum gewähren. Dabei sollte eine Basis von gegenseitigem Vertrauen, offener, direkter Kommunikation und Feedback geschaffen werden, aus der alle Beteiligten nicht nur lernen, sondern das Gelernte auch in die Praxis umsetzen können. Zudem spielt es auch eine wichtige Rolle, dass eine sorgfältige Selektion stattfindet, bei der nicht nur auf die fachlichen Qualifikationen der Mitarbeitenden und Führungskräfte geachtet wird, sondern auch auf Persönlichkeitsmerkmale. Diese können sich im Umgang mit Stress und Ambiguität, aber auch in der persönlichen Passung bzw. Passung ins Team und die Organisation sowie deren Kultur widerspiegeln. Ein bewusster Umgang mit der Unternehmenskultur erfordert eine gezielte Auswahl von Mitarbeitenden als entscheidendes Kriterium für die Aufrechterhaltung oder Veränderung der bestehenden Unternehmenskultur.

Zukünftig benötigen Führungskräfte auch die notwendige Qualifikation im Umgang mit kultureller Vielfalt. Hierzu tragen nicht nur Menschen am Arbeitsplatz bei, sondern auch verschiedene Generationen, welche unterschiedliche Erwartungen an die Arbeit, die Arbeitsorganisation, die Führung und die Unternehmenskultur haben können. Eine zunehmend regionale und national divers zusammengesetzte Belegschaft – sei es am eigenen Standort oder auch geografisch verteilt, vor allem bei inter- und multinationalen Organisationen – erfordert einen flexiblen Führungsstil sowie digitale und interkulturelle Kompetenzen. Diese Art der Führung bedarf einer teambasierten, relationalen Führung, welche interkulturell sensibel und kompetent ist. Sie bedeutet, dass die Person mit Führungsverantwortung im Regelfall

- Entscheidungen mit dem hierfür qualifizierten Team bespricht,
- gemeinsam mit dem Team Best- und Worst-Case-Szenarien entwirft,
- Chancen und Gefahren diskutiert,
- zuhören und sich auch zurücknehmen kann,
- durchdachte Entscheidungen treffen kann und
- dann entsprechend agiert.

Hierbei wird nicht ausgeschlossen, dass in Krisen- und Sanierungssituationen auch schwierige Personalentscheidungen getroffen werden müssen. Führung beinhaltet in Zukunft auch, dass sich die Person ihrer Führungsverantwortung bewusst ist und ihre Ressource entsprechend einsetzt. Zu den Ressourcen gehört Zeit, welche als Arbeit einer Führungskraft beschrieben werden kann, die nie ausgeht und daher eine bewusste Prioritätensetzung in Kombination mit einer geeigneten Delegation wesentlich ist. Eine weitere Ressource liegt in der Gesundheit und dem Achten auf eine angemessene Lebensbalance, welche eine Ausgewogenheit zwischen Arbeit, Familie und Freizeit mit körperlichem und geistigem Ausgleich widerspiegelt. Es kann hierbei helfen, den unternehmensinternen Führungskontext unterstützend zu gestalten und entsprechend zu nutzen.

Die zunehmende Digitalisierung hat dabei starke Auswirkungen auf das industrielle Umfeld. Für die Auswertung neu entstehender Datenmengen und der damit verbundenen Nutzung der Ergebnisse setzen Unternehmen KI ein, die als eine Erweiterung der Digitalisierung definiert werden kann. Die Integration und Nutzung von KI hat dabei eine erhebliche Auswirkung auf das Arbeitsumfeld von Unternehmen. Die Einführung und Nutzung von KI generiert einen Einfluss auf die Mitarbeitenden als auch auf die Führungskräfte und die Führung, wodurch neue Herausforderungen und Anforderungen geschaffen werden.

KI: Basiswissen und Hintergründe

Die Bemühungen, Intelligenz zu beschreiben und künstlich nachzubilden, lassen sich in vier grundlegende Ansätze gliedern, welche das menschliche Denken und Handeln sowie das rationale Denken und Handeln umfassen.

Der Turing-Test gehört zum Bereich des menschlichen Handelns, da bei diesem eine KI menschliches Handeln reproduziert.

Abbildung 1: *Erläuterung des TURING-Tests*

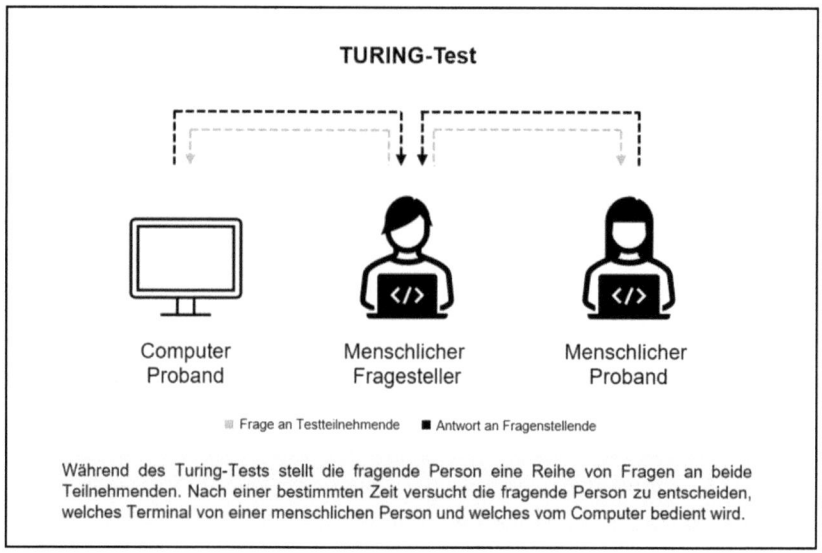

Quelle: eigene Darstellung.

Moderne Programme zur Bilderkennung und den damit verbundenen Entscheidungen dagegen sind im Bereich des rationalen Handelns verortet. Neben den begrifflichen Herausforderungen beschäftigt sich zudem ein Teil der philosophischen Diskussion über KI mit den Unterschieden und Implikationen zwischen den folgenden drei Kategorien:

- Die erste Kategorie gibt die schwache oder begrenzte KI (weak or narrow AI) wider, welche in der Lage ist, spezifische Probleme zu lösen.

- In der zweiten Kategorie existiert eine starke oder generelle KI (strong/general AI), welche allgemeine Probleme auf dem Niveau menschlicher Fähigkeiten bewältigt.
- Die dritte Kategorie ist die künstliche Superintelligenz, welche die menschlichen Fähigkeiten bei Weitem übertrifft.

Quelle: Illustration „Wachstum der KI" von Christian Jauch.

Ein bekanntes Anwendungsgebiet für KI sind Spiele wie Schach. In diesem Gebiet kann eine Vergleichbarkeit geschaffen werden, wie gut eine KI gegen den Menschen spielen oder diesen sogar übertreffen kann. Der Vorteil solcher Spiele liegt darin, dass einfache Regelsysteme und einfach beschreibbare Handlungsmöglichkeiten je nach Spiel zu beinahe unbegrenzten Variationen führen können und somit eine hohe Anzahl von Zugmöglichkeiten entstehen. Jeder mögliche Zug im Schach wird als Entscheidung betrachtet und es ergeben sich anschließend neue Entscheidungsalternativen und Züge.

Nach den ersten Erfolgen von KI im Bereich der Logik und Spiele folgten Versuche, Verfahren für allgemeinere Anwendungsfälle weiterzuentwickeln. So entstanden in den 1970er Jahren Expertensysteme, welche über Wenn-Dann-Beziehungen probierten, eine humane Wissensbasis in maschinell lesbare Informationen zu transformieren. Aufgrund der Fähigkeit zur Anwendung logischer Schlussfolgerungen und effizienter Informationssuche mithilfe von Heuristiken in diesen erzielten die Systeme anfänglich erste Erfolge und generierten in den 1980er Jahren hohe Erwartungen bezüglich des Potenzials von KI. Der immense Aufwand bei der Erfassung humanen Wissens und dessen zeitintensiver Umwandlung stellte sich hierbei als wesentlicher Nachteil heraus. Die großen Erwartungen an die KI wurden Anfang der 1990er Jahre enttäuscht. Unternehmen, welche zuvor in Expertensysteme investiert hatten, schafften diese wieder ab. Auch eine große Anzahl von Unternehmen, die solche Systeme angeboten hatten, verschwanden vom Markt.

Trotz der genannten Rückschläge wurden bereits in den 1980er Jahren die Grundlagen für den zentralen Ansatz des Machine Learnings (ML) gelegt. Die Grundidee liegt hierbei in der Frage, wie man ein Computerprogramm so programmieren kann, dass es aus Erfahrungen lernt und aufgrund dieser zukünftigen Aufgaben besser erfüllen kann. Der wesentliche Unterschied zu einem statischen Programm liegt darin, dass sich die Entscheidungsregeln über eine Rückkoppelung an das Erlernte anpassen.

Beispiele von ML finden sich in vielen alltäglichen Anwendungen wieder. Mit dessen Hilfe kann unter anderem das Kauf- und Nutzerverhalten im Onlinehandel vorhergesagt oder können Empfehlungssysteme für Filme erstellt werden, wie sie heute bereits bei populären Streamingplattformen zum Einsatz kommt.

Abbildung 2: *Empfehlungssystem: Interaktion zwischen Nutzer und Machine Learning*

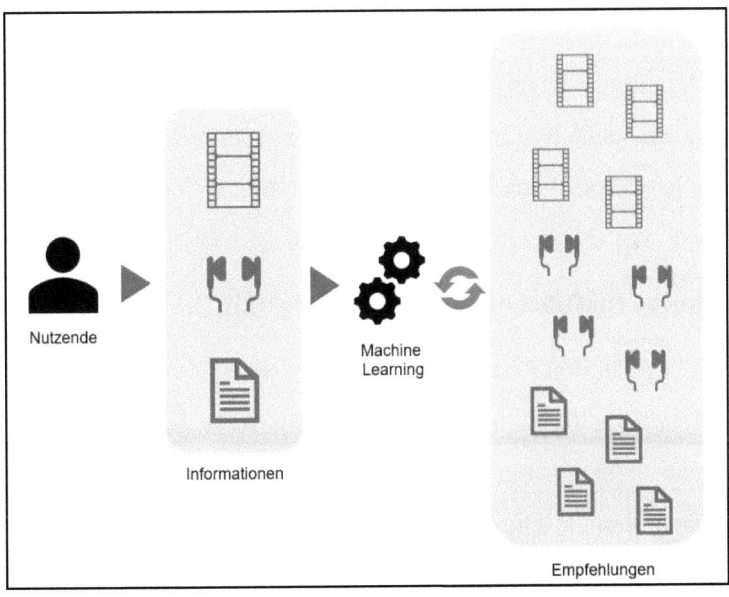

Quelle: eigene Darstellung.

Der aktuelle KI-Boom, welcher z. B. durch ChatGPT ausgelöst wurde, beruht im Wesentlichen auf dem Deep Learning (DL) mit künstlichen neuronalen Netzen. In den Grundzügen orientiert sich das DL an der Funktionsweise biologischer neuronaler Netze. Der Fortschritt der KI wird maßgeblich durch die Fähigkeit vorangetrieben, die Prinzipien neuronaler Netze auf spezialisierter Hardware hocheffizient und parallelisiert umzusetzen. Leere Netze müssen zunächst trainiert werden, um gewünschte Funktionen zu erreichen. Als Beispiel müsste ein Netz zunächst erlernen, ob auf Bildern ein Hund abgebildet ist oder nicht. Dieses Anlernen des Netzes ist ein aufwendiger und rechenintensiver Prozess.

Zusammenfassend verändert KI zunehmend die Arbeitswelt und führt zugleich zu Neugestaltungen der Arbeitsteilungen zwischen Mensch und Maschine in Unternehmen. Auch der Bereich der Führung ist von der dynamischen Veränderung betroffen, wodurch sich ein digitaler Führungsstil oder auch Digital Leadership in den Unternehmen etabliert.

Eine kurze Einführung in Digital Leadership

Der Begriff Digital Leadership steht nicht nur für einen Führungsstil, der allein neue Technologien in den Fokus stellt, sondern beschreibt vielmehr eine neue Führungskultur innerhalb der digitalen Transformation. Digital Leader nehmen besonders einen transformationalen Führungsstil ein, da sie mehr coachen als führen, um die individuelle Entwicklung der Mitarbeitenden verstärkt zu fördern.

Des Weiteren steuern sie eher die Prozesse, als dass sie konkrete Aufgaben delegieren. Kernaufgabe eines Digital Leaders ist es, den Veränderungsprozess im Rahmen der digitalen Transformation selbst vorzuleben und diesen im Rahmen einer Strategie und Vision an die Mitarbeitenden weiterzutragen. Sie erfüllen dabei folgende Anforderungen:

- Entscheidungsmacht und -befugnisse innerhalb der Organisation zur Verankerung der Digitalisierung,
- sowohl Bindeglied zwischen den Führungskräften per se (horizontale Hierarchie) als auch zwischen der Führungsebene und den Mitarbeitenden (vertikale Hierarchie),
- eigenes Vorleben der Strategie und Vision sowie deren Vermittlung an die gesamte Organisation,
- Übernahme von Agilität und Flexibilität innerhalb der Führung, da aufgrund der Digitalisierung Veränderungen bevorstehen,
- Entwicklung einer positiven Fehlerkultur innerhalb der Organisation, sodass Mitarbeitende neue Ideen ohne Hemmungen frei diskutieren und umsetzen können sowie
- Teamplayer und Kommunikator sein, der mit Vertrauen und Empathie innerhalb der Organisation Veränderungspläne kommuniziert.

Besonders die notwendige Digitalstrategie muss von Führungskräften vorgelebt und umgesetzt werden, damit Unternehmen den digitalen Wandel proaktiv vorantreiben können (vgl. Kollmann 2020). Das Ziel eines jeden Unternehmens sollte dementsprechend sein, die Organisation und die damit einhergehenden, verbundenen Prozesse und Arbeitsweisen an die Anforderungen der digitalen Transformation anzupassen. Die Herausforderung hierbei besteht in der Vereinbarkeit klassischer und digitaler Führung.

Laut einer Studie von Consulting Heads (2020) herrscht jedoch in den Führungsetagen in Bezug auf das Thema Digitalisierung eine große Diskrepanz zwischen Anspruch und Realität. Insgesamt fühlen sich 27 % der Managerinnen und Manager durch digitale Technologien überfordert und rund 10 % würden gerne in einer Welt ohne digitale Technologien leben. Der digitale Reifegrad eines Unternehmens hängt jedoch insbesondere davon ab, wie digital ein Unternehmen geführt wird und welche Strategien im Zuge der Digitalisierung von der Führungsetage bis zum einzelnen Mitarbeitenden umgesetzt werden. Dies bedeutet unter anderem, dass das Digital Leadership für alle handelnden Akteure in einem Unternehmen gilt. Jedoch wird in diesem Zusammenhang immer wieder nach der treibenden Kraft gefragt, welche sich Digital Leadership zur Aufgabe macht. Hierbei kommen zwei Fälle in Betracht:

Zum einem übernimmt eine bereits vorhandene Führungspersönlichkeit die Aufgabe des Digital Leaders, im Idealfall der Chief Executive Officer (CEO). Dieser ist die zentrale, geschäftsführende Persönlichkeit innerhalb eines Unternehmens und kennt sämtliche Prozesse, Produkte und Strukturen und besitzt zudem entsprechende Machtbefugnisse Veränderungen im Unternehmen vorzunehmen. In den meisten Fällen wird jedoch eine zusätzliche Unterstützung von einer spezifischen digitalen Führungskraft benötigt, welche die digitale Strategie ganzheitlich entwickelt, und innerhalb der Organisation implementiert.

Zum anderen ist es denkbar, dass eine neue Führungspersönlichkeit die Aufgabe des Digital Leaders übernimmt. In diesem Zusammenhang wird zwischen dem Chief Digital Officer (CDO) und dem Chief Information Officer (CIO) unterschieden (vgl. Kollmann 2020):

- Der CIO ist für alle relevanten Informationstechnologien und die Optimierung aller damit zusammenhängenden Prozesse verantwortlich.
- Der CDO entwickelt, prüft und realisiert im Zuge der Digitalisierung zusammenhängende neue Geschäftsmodelle und passt diese an sich verändernde Rahmenbedingungen an.

Quelle: Illustration „CIO vs. CDO" von Christian Jauch.

Laut einer Studie des Bitkom e.V., in deren Rahmen 6.014 Unternehmen ab 20 Beschäftigen befragt wurden, gaben gerade einmal 19 % der Unternehmen an, einen CDO zu besitzen. Jedes fünfte Unternehmen (18 %) gab an, eine CDO-Stelle besetzen oder einrichten zu wollen. Ein weiterer Aspekt der Befragung galt dem Vorhandensein einer Digitalisierungsstrategie. Hier gaben 13 % an, keine Digitalstrategie zu haben, rund 32 %, dass sie eine zentrale Digitalstrategie haben und weitere 52 %, dass sie in einzelnen Unternehmensbereichen Strategien zur Digitalisierung verfolgen (vgl. Bitkom e.V. 2022).

Der aktuelle Forschungsstand zeigt, dass Digital Leadership in den Unternehmen noch nicht ganzheitlich angekommen ist. Dennoch gibt es weiterentwickelte Führungsansätze, welche bereits KI-Systeme in die Führung integrieren.

Denn mit dem Einzug von KI in Unternehmen stehen diese vor der Herausforderung, die technologischen Möglichkeiten sowohl das Geschäft wahrend als auch gewinnbringend auf allen denkbaren Ebenen umzusetzen. Dieser Prozess und dessen Umsetzung wird im Kern von Führungskräften gestaltet und verantwortet. Dabei gilt es, auch die Rolle des Führungspersonals und die der Führung als solche zu überdenken. Denn selbstlernende Software kann zunehmend Routineaufgaben oder standardisierte Abläufe übernehmen, wodurch Führungskräfte sich in ihrer Entscheidungsfindung aktiv durch intelligente Technologie unterstützen lassen können.

Während also noch der Mensch die Funktion des Entscheidungsträgers innerhalb des Digital Leaderships innehat, haben Führungskräfte durch den Einsatz von KI die Option die neuen Technologien zur Unterstützung bei Entscheidungen heranzuziehen oder diese sogar gänzlich dem System zu überlassen. Auch die Führung der Beschäftigten, reduziert auf die vier essenziellen Elemente einer Führungssituation kann, unter den neuen technologischen Möglichkeiten, um die Komponente „selbstlernende Software" ergänzt werden (s. Abbildung 3).

Abbildung 3: *Rahmenmodell der Führung 4.0*

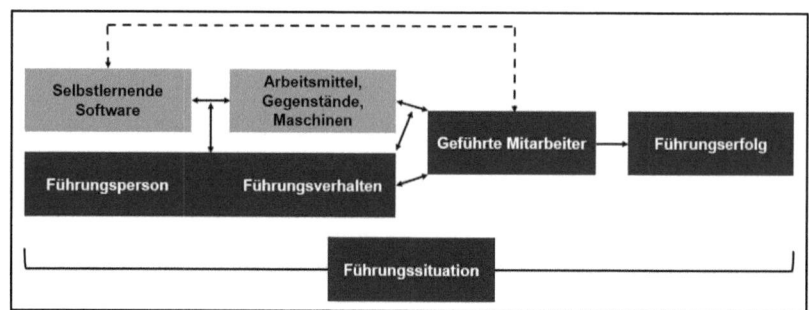

Quelle: in Anlehnung an Forst und Sandrock, Dortmund: 2019 in Anlehnung an Nerdinger 2012; Offensive Mittelstand 2018a.

Demnach etabliert KI einen Kontext für eine neue Art der Interaktion zwischen Menschen und Technologie. Um diesem gerecht zu werden, muss der Führungsprozess die inneren Abhängigkeiten und Muster des Algorithmus einbeziehen und sie in einen datengetriebenen Führungsstil übertragen.

Nun kommt Artificial Leadership ins Spiel

Kollmann et al. 2023 haben dies erstmals wissenschaftlich unter dem Namen „*Artificial Leadership*" etabliert. Hierzu haben sie den „homo oeconomicus vs. a machina economica" gegenübergestellt und die Einflussnahme von KI auf operationelle sowie strategische Managementprozesse in einem Framework aufgezeichnet. Selbstlernende Software zeigt sich besonders performant in der Ausführung repetitiver Routineaufgaben und der systematischen Aufbereitung von Daten bei hoher, maschineller Kontinuität. Dies spricht zunächst für den Einsatz im operationellen Geschäft und für die Erschließung (exploitation) etwaiger Effizienzpotentiale innerhalb von Fertigungsprozessen. Gleichzeitig erlaubt die fortschreitende Entwicklung von KI auch die Auskundschaftung (exploration) weiterer (digitaler) Geschäftsfelder sowie deren Evolution, auch im Kontext der strategischen Unternehmensführung.

Quelle: Illustration „Exploitation & Exploration" von Christian Jauch.

Für die Förderung und Erschließung des bestehenden Geschäfts (exploitation) ermöglicht Artificial Leadership die folgenden Vorteile:

- Die Analyse des bestehenden Geschäftsfelds auf dem operativen Level mittels verfügbarer Daten und Kapazitäten (data-oriented exploitation).
- Die Übertragung bestehender Kenntnisse in automatisierte Entscheidungen über Arbeitsabläufe (digital automation).

- Automatisierte Entscheidungen haben direkten oder zeitnahen Effekt auf die Qualität der Instruktionen für die Beschäftigten (data-driven directives by a machine*)*.

Gleichermaßen kann Artificial Leadership wie folgt zur Erkundung (exploration) neuer (strategischer) Geschäftsfelder beitragen:

- Das bestehende Geschäft wird auf strategischer Ebene mithilfe von KI analysiert, indem neue Chancen entdeckt und neues Wissen über interne und externe Geschäftsprozesse/-modelle generiert wird (data-oriented exploration).

- Erkenntnisse werden auf der Grundlage von selbstlernenden Algorithmen gebildet und in automatisierte digitale Ausführungen für die Weiterentwicklung bestehender Geschäftsmodelle/-prozesse gemäß eigens generierten Chancen- und Risikoregeln übertragen (digital evolution).

- Automatisierte Entscheidungen führen zu mittelbaren oder mittelfristigen Auswirkungen auf die organisatorische Entwicklung des Unternehmens (data-driven development by a machine).

Perspektivisch steht die Einführung von KI an zentraler Stelle in Unternehmen noch vor vielen anderen ungeklärten Fragestellungen. So kann KI eine unterstützende Rolle einnehmen und in der Entscheidungsfindung als verstärkender Faktor eingebracht werden („enhancement perspective"). Das Prinzip Führung wird sich nicht grundlegend ändern, lediglich werden Führungskräfte und

Mitarbeitende in der Analyse und Datenverarbeitung entlastet. Technologie und Unternehmensführung kommen so zusammen und bilden ein neues Modell der Zusammenarbeit.

Die Einführung von KI und Artificial Leadership kann aber auch eine Verdrängung der bestehenden Führungsstrukturen nach sich ziehen. Dies könnte eintreten, wenn die Technologie nicht nur Management-Aufgaben übernimmt, sondern auch sehr wichtige Entscheidungsfindungen gewährleisten kann („replacement perspective").

3. KI im Businessalltag: So stets um die Akzeptanz

Um die Akzeptanz von KI im Unternehmensalltag umfassend zu verstehen, ist es entscheidend, die verschiedenen Einflussfaktoren näher zu betrachten. In diesem Kapitel werden verschiedene Modelle zur Akzeptanz vorgestellt, die das Einführen neuer Technologien unterstützen können. Mithilfe dieser Modelle und der genannten Einflussfaktoren werden wir die Chancen und Herausforderungen der Implementierung von KI-basierter Führung erörtern.

3.1 Akzeptanz-Hacks: Wie technologische Führung ankommt

Schon in den 1980er Jahren wurde untersucht, wie die Nutzung neuer Anwendungssysteme am Arbeitsplatz akzeptiert wird. Der Erfolg solcher Änderungen hängt maßgeblich davon ab, wie die Mitarbeitenden diese Neuerungen aufnehmen.

Quelle: Illustration „Aufstand gegen Digitalisierung" von Christian Jauch.

So wie es bei der Einführung jeder neuen Technik ist: Wenn die Leute sie nicht gut finden oder nutzen wollen, wird sie nicht erfolgreich sein. Die Bereitschaft, neue Technologien anzunehmen, ist daher ein entscheidender Faktor für deren Erfolg. Man hat herausgefunden, dass es unterschiedliche Verhaltensweisen bei der Übernahme neuer Technologien gibt. Akzeptanz bedeutet dabei, dass Mitarbeitende offen dafür sind, neue Arbeitsprozesse zu lernen und andere, oft unbekannte Aufgaben zu übernehmen. Außerdem müssen sie bereit sein, die neue Technologie für ihre Arbeit einzusetzen. Das Zusammenspiel zwischen Innovation, Akzeptanz und Wandel ist dabei sehr komplex. Wenn eine Firma Innovationen einführt, bringt das oft einen Wandel mit sich. Wichtige betriebliche Strukturen ändern sich, Arbeitsprozesse werden angepasst, und manchmal gibt es sogar Änderungen, die die Trennung zwischen Arbeit und Freizeit weniger deutlich machen, wie das Arbeiten mit mobilen Geräten wie Smartphones oder Laptops. Diese Veränderungen können sowohl Vorteile als auch Herausforderungen für die Mitarbeitenden bedeuten.

Das kann bei vielen Mitarbeitenden zu Unsicherheiten führen. Sie fragen sich vielleicht, ob sie in Zukunft noch gebraucht werden oder ob sie die neuen Herausforderungen bewältigen können. Hier ist es also zentral, die Mitarbeitenden frühzeitig in die Veränderungen einzubeziehen und deren Bedenken ernst zu nehmen. Eine proaktive Kommunikation über die bevorstehenden Veränderungen sowie der

Nutzen der neuen Technologie können dazu beitragen, Ängste abzubauen und die Akzeptanz zu erhöhen.

Ein bekanntes Modell zur Erklärung der Akzeptanz neuer Technologien ist das "Technology Acceptance Model" (TAM). Es beschreibt, wie und warum Menschen bereit sind, neue Techniken zu nutzen. Allerdings konzentrieren sich viele der bestehenden Arbeiten hauptsächlich auf das Verstehen der Akzeptanz und weniger darauf, wie man die Akzeptanz gezielt steigern kann. Konkrete Maßnahmen zur Steigerung der Akzeptanz könnten zum Beispiel regelmäßige Schulungen, transparente Kommunikation der Vorteile der Technologie, die Einbindung der Mitarbeitenden in den Veränderungsprozess sowie der Einsatz von Pilotprojekten sein, um Vertrauen in die neue Technologie aufzubauen.

Ein weiterer Ansatz zur Förderung der Akzeptanz ist die Einführung eines Belohnungssystems, das die Nutzung der neuen Technologie honoriert. Dies könnte etwa durch die Anerkennung besonderer Leistungen oder durch materielle Anreize geschehen. Darüber hinaus kann die Zusammenarbeit mit internen „Champions", die besonders technologieaffin sind und als Vorbilder fungieren, eine wichtige Rolle spielen. Diese Champions können durch ihre Begeisterung und ihr Wissen andere Mitarbeitende motivieren und unterstützen, die neue Technologie zu nutzen.

Die Frage lautet also: Wie lassen sich Veränderungsprozesse in Unternehmen so gestalten, dass die Mitarbeitenden möglichst gut mit einbezogen und von Anfang an auf die neuen Techniken vorbereitet werden? Dabei hilft das Change Management. Es beschreibt den Weg, wie Unternehmen Veränderungen erfolgreich durchführen können. Ein bekannter Ansatz ist das 8-Stufen-Modell. Dieses Modell beschreibt die verschiedenen Schritte, die Unternehmen durchlaufen, um erfolgreich Wandel zu gestalten. Doch auch dieses Modell hat seine Schwächen. So fehlen zum Beispiel klar erkennbare Kriterien für die einzelnen Stufen, die den Fortschritt messbar machen. Ein anderes Problem des Modells ist, dass es Änderungen oft von oben nach unten plant – sprich, die Führungsebene gibt die Richtung vor, die Mitarbeitenden müssen folgen. Diese reine "top-down"-Perspektive kann problematisch sein, da die Sichtweisen und das Wissen der Mitarbeitenden oft zu kurz kommen. Kompensieren könnte man diese Schwächen, durch Maßnahmen zur besseren Einbindung der Mitarbeitenden, wie beispielsweise regelmäßige Feedback-Runden, in denen die Mitarbeitenden ihre Perspektive einbringen können. Auch die Einführung von partizipativen Entscheidungsprozessen, kann sicherstellen, dass alle Beteiligten Gehör finden.

Das 5-Phasen-Modell nach Krüger

Ein alternatives, mitarbeiterorientiertes Modell ist das 5-Phasen-Modell, das besonders Wert daraulegt, die Mitarbeitenden im Wandel mit einzubeziehen.

Dieses Modell setzt auf eine von unten nach oben ausgerichtete Perspektive. Es betont, wie wichtig die Einbindung der Mitarbeitenden in den Wandel ist. Die Einbeziehung der Mitarbeitenden hilft dabei, den Wandel auf eine breitere Basis zu stellen und die Akzeptanz der Veränderungen zu erhöhen. (s. Abbildung 4):

1. **Wandlungsbedarf erkennen**: In dieser Phase erkennen die verantwortlichen Entscheidungsträger, dass ein Wandel notwendig ist. Sie stellen ein Team zusammen, das die Veränderung steuern soll, und erarbeiten eine Strategie.

- *Beispiel*: In einem Unternehmen erkennen die Verantwortlichen, dass die veraltete Produktionssoftware die Effizienz beeinträchtigt. Ein Team wird gebildet, um die Anforderungen für eine neue Software zu definieren.

- *Erweiterung*: Es wird außerdem eine Bedarfsanalyse durchgeführt, um sicherzustellen, dass die geplante Veränderung wirklich alle relevanten Aspekte berücksichtigt. Mitarbeitende werden zu ihren täglichen Herausforderungen befragt, um den konkreten Bedarf besser zu verstehen.

2. **Kommunikation und Rahmenbedingungen schaffen**: Das Konzept wird den Mitarbeitenden erklärt, und es werden förderliche Bedingungen für den Wandel geschaffen.

- *Beispiel*: Die Führungskräfte organisieren eine Informationsveranstaltung, um den Mitarbeitenden die Vorteile der neuen Software zu erläutern, und schaffen flexible Arbeitszeiten, damit alle Mitarbeitenden Schulungen besuchen können.

- *Erweiterung*: Zusätzlich wird ein Kommunikationsplan erstellt, der regelmäßige Updates zum Fortschritt des Projekts vorsieht. Es werden Ansprechpartner benannt, die den Mitarbeitenden für Fragen zur Verfügung stehen.

3. **Erste Veränderungen durchführen**: In dieser Phase werden die ersten Projekte umgesetzt und Vorbereitungen für weitere Veränderungen getroffen.

- *Beispiel*: Eine Testgruppe von Mitarbeitenden beginnt, die neue Produktionssoftware zu nutzen, während das restliche Team weiterhin die alte Software verwendet. Die Ergebnisse der Testgruppe werden beobachtet, um Erkenntnisse für die vollständige Einführung zu gewinnen.

- *Erweiterung*: Um mögliche Probleme frühzeitig zu identifizieren, werden regelmäßige Workshops mit der Testgruppe organisiert, in denen Herausforderungen besprochen und Lösungsvorschläge erarbeitet werden.

4. **Stabilisierung der Veränderungen**: Nachdem die Neuerungen eingeführt wurden, geht es darum, sie in der Organisation zu festigen.

- *Beispiel*: Nachdem die neue Software unternehmensweit eingeführt wurde, gibt es regelmäßige Besprechungen, um Feedback zu sammeln und sicherzustellen, dass die neuen Prozesse reibungslos funktionieren.

- *Erweiterung*: Zusätzlich wird ein Mentorenprogramm eingeführt, bei dem erfahrene Nutzende der neuen Software Kolleginnen und Kollegen unterstützen, die noch Schwierigkeiten haben. Dies trägt zur langfristigen Stabilisierung bei.

5. **Bewertung und Weiterentwicklung**: Schließlich wird geprüft, wie erfolgreich der Wandel war. Die Mitarbeitenden werden geschult, weiter anpassungsfähig zu bleiben, und das Unternehmen entwickelt die Strategie gegebenenfalls weiter.

- *Beispiel*: Die Verantwortlichen bewerten die Effizienzsteigerungen durch die neue Software und führen Feedbackgespräche mit den Mitarbeitenden, um mögliche Verbesserungen und Weiterentwicklungen der Arbeitsprozesse zu identifizieren.

- *Erweiterung*: Es werden konkrete Key Performance Indicators (KPIs) definiert, um den Erfolg der Veränderung messbar zu machen. Auf Grundlage dieser KPIs wird eine Strategie für kontinuierliche Verbesserungen erarbeitet.

Abbildung 4: *Wandlungsprozess nach Krüger*

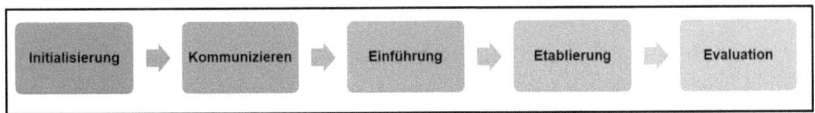

Quelle: in Anlehnung an Krüger 2002.

Ein Ansatz, den das Modell besonders betont, ist es, die Mitarbeitenden aktiv zu beteiligen und sie nicht nur als passive Empfänger von Entscheidungen zu betrachten. Zum Beispiel kann es helfen, bei einer Einführung neuer Tools die Meinung der Mitarbeitenden einzuholen, kleine Trainings zu veranstalten oder sogar Feedback-Schleifen einzubauen, sodass Verbesserungen direkt erkannt und umgesetzt werden können. Ein konkretes Beispiel hierfür ist die Einführung eines neuen Projektmanagement-Tools in einem mittelständischen Unternehmen, bei dem die Mitarbeitenden von Anfang an in die Auswahl des Tools einbezogen wurden. Durch Workshops und Pilotphasen konnte das Team die Vor- und Nachteile der verschiedenen Optionen evaluieren, und durch kontinuierliche Feedback-Schleifen wurden Anpassungen vorgenommen, die letztlich zu einer hohen Akzeptanz und erfolgreichen Implementierung führten. Dies führte dazu, dass die Mitarbeitenden nicht nur die technischen Details verstanden, sondern sich auch emotional mit der Veränderung identifizierten. Krüger beschreibt außerdem verschiedene

Mitarbeitergruppen, die unterschiedliche Einstellungen zum Wandel haben:

1. **Gegner**: Diese Gruppe ist grundlegend gegen den Wandel eingestellt. Sie sollten frühzeitig identifiziert werden, um ihre Bedenken gezielt adressieren zu können.
2. **Promotoren**: Sie sehen die Veränderung positiv und unterstützen den Wandel aktiv. Sie können als wichtige Multiplikatoren für die Akzeptanz der Veränderung fungieren.
3. **Versteckte Gegner**: Sie geben vor, den Wandel zu unterstützen, haben aber eigentlich eine negative Einstellung dazu. Es ist entscheidend, deren wahren Einstellungen durch offene Kommunikation zu erkennen.
4. **Potenzielle Promotoren**: Sie sehen den Wandel im Großen und Ganzen positiv, haben aber Vorbehalte gegen bestimmte Details. Ihre Vorbehalte sollten ernst genommen und in den Veränderungsprozess integriert werden.

3.2 Neue Technologien verstehen: Modelle zur Akzeptanzförderung

Um zu verstehen, warum Menschen Technologien akzeptieren oder ablehnen, gibt es verschiedene Modelle. Ein sehr verbreitetes Modell zur Erklärung dieser Akzeptanzmechanismen ist das von uns bereits erwähnte TAM. Es besagt, dass die Nutzung einer Technologie hauptsächlich von zwei Faktoren abhängt:

- **Wahrgenommene Nützlichkeit**: Wie hilfreich ist die Technologie für die Lösung meiner Aufgaben?

- **Wahrgenommene Benutzerfreundlichkeit**: Wie einfach ist die Technologie anzuwenden?

Wenn Mitarbeitende eine neue Software als besonders nützlich empfinden und sie leicht bedienen können, ist die Wahrscheinlichkeit hoch, dass sie sich schnell auf diese Neuerung einlassen. Ein Beispiel: Wenn ein Unternehmen ein neues Zeiterfassungssystem einführt, das sehr übersichtlich ist und dabei noch zusätzliche Vorteile bietet, wie etwa eine automatische Berechnung von Überstunden, steigt die Akzeptanz wahrscheinlich, da der Nutzen sofort erkennbar ist.

Zwei weitere Beispiele:

1. Wenn ein Kundenmanagementsystem (CRM) eingeführt wird, das automatisch Kundendaten analysiert und hilfreiche Empfehlungen für Vertriebsgespräche gibt, erkennen die Mitarbeitenden schnell den Mehrwert für ihre tägliche Arbeit und akzeptieren die neue Technologie eher.

2. Bei der Einführung einer neuen Kommunikationsplattform, die es ermöglicht, Informationen schneller mit anderen Abteilungen zu teilen und die Zusammenarbeit zu verbessern,

erkennen die Mitarbeitenden den Nutzen für effizientere Arbeitsprozesse, was die Akzeptanz fördert.

Ein weiteres Modell, die "Unified Theory of Acceptance and Use of Technology" (UTAUT), erweitert diese Perspektive, indem sie auch andere Einflussfaktoren wie den sozialen Druck und das Alter oder Geschlecht der Benutzenden berücksichtigt. Außerdem spielt es eine Rolle, ob die Nutzung der Technologie freiwillig oder vorgeschrieben ist. Diese zusätzlichen Faktoren bieten eine differenzierte Sichtweise, die besonders in heterogenen Teams wichtig sein kann. Die Einflüsse des sozialen Umfelds und die Unterschiede zwischen den Nutzenden sollten nicht unterschätzt werden, da sie maßgeblich zur Akzeptanz oder Ablehnung beitragen können.

Schließlich existiert noch das "KI-Akzeptanzmodell" (KIAM), das speziell auf die Akzeptanz von Künstlicher Intelligenz ausgerichtet ist. Dieses Modell erweitert das TAM und richtet ein besonderes Augenmerk darauf, wie Menschen die Persönlichkeit von KI wahrnehmen. Wird die KI als bloßes Werkzeug gesehen, oder interagieren die Anwender mit ihr wie mit einer Person? Diese Wahrnehmung beeinflusst stark, wie gut KI akzeptiert wird. Wenn die KI als vertrauenswürdiger Partner wahrgenommen wird, steigt die Akzeptanz. Eine wichtige Rolle spielt hierbei die Transparenz der KI-Algorithmen sowie die Fähigkeit der KI, nachvollziehbare Entscheidungen zu treffen.

Fazit: Die Akzeptanz neuer Technologien hängt maßgeblich von ihrer wahrgenommenen Nützlichkeit und Benutzerfreundlichkeit ab. Modelle wie das TAM, UTAUT und KIAM bieten wertvolle Einblicke in die Faktoren, die die Akzeptanz beeinflussen. Entscheidend ist, dass die Mitarbeitenden den Mehrwert der Technologie klar erkennen und einfache Anwendungsmöglichkeiten vorfinden. Nur so kann eine erfolgreiche Einführung und Nutzung gewährleistet werden. Darüber hinaus spielen soziale Einflüsse und die individuelle Wahrnehmung der Technologie eine entscheidende Rolle bei der Einführung neuer Systeme. Unternehmen sollten daher neben Schulungen auch auf eine gezielte Kommunikation setzen, um die Technologieakzeptanz zu fördern.

3.3 Artificial Leadership: Potenziale nutzen und Hürden meistern

Die Einführung von KI im Bereich der Unternehmensführung schafft sowohl große Chancen als auch Herausforderungen. Um das Potenzial von Artificial Leadership voll auszuschöpfen, sollte stets die Perspektive der Mitarbeitenden berücksichtigt werden. Denn ihre Akzeptanz ist entscheidend für den Erfolg.

Eine große Herausforderung besteht darin, unterschiedliche Vorkenntnisse der Mitarbeitenden in Sachen Künstliche Intelligenz zu berücksichtigen. Einige Teammitglieder haben vielleicht bereits viel Erfahrung mit KI-Systemen gesammelt und sehen die Einführung positiv. Andere wiederum könnten sich unsicher fühlen und befürchten, dass sie von der Technik überfordert werden. Deshalb ist es wichtig, gezielt Schulungen und Hilfestellungen anzubieten. Diese sollten sowohl technische als auch emotionale Aspekte abdecken, um eine umfassende Unterstützung zu gewährleisten.

Bei der Einführung von KI in Führungspositionen, wie zum Beispiel einer KI-Assistenz, die in Meetings Daten analysiert und Vorschläge gibt, sind die folgenden Überlegungen von besonderer Bedeutung:

- **Gesellschaftliche und kulturelle Herausforderungen**: Viele Mitarbeitende sind es gewohnt, mit menschlichen Führungskräften zu interagieren, die auch emotional und empathisch reagieren. Diese Erwartungen an KI-Systeme können besonders bei einer KI mit einem niedrigen Verkörperungsniveau, also einem unscheinbaren Unterstützungsprogramm, problematisch sein. Eine Lösung könnte darin bestehen, die KI mit gewissen empathischen Funktionen auszustatten oder zumindest die Vorteile der KI – wie ihre Neutralität und Objektivität – hervorzuheben.

- **Technologische Veränderungen**: Die Mitarbeitenden müssen den Mehrwert und die Benutzerfreundlichkeit der KI erkennen, damit sie die Technologie nicht ablehnen. Dazu gehören nicht nur technische Schulungen, sondern auch Beispiele aus der Praxis, die aufzeigen, wie die KI den Arbeitsalltag erleichtern kann.

Auf der anderen Seite bietet KI auch enorme Chancen, die Führung zu entlasten. Routineaufgaben und Standardprozesse können automatisiert werden, wodurch die menschlichen Führungskräfte das nötige Potenzial haben, sich komplexeren und kreativeren Aufgaben zu widmen. KI kann zudem große Datenmengen auswerten und fundierte Entscheidungsgrundlagen liefern – schneller und präziser, als es dem Menschen oft möglich ist.

Beispielsweise könnte eine KI in einer Produktionsfirma automatisch vorschlagen, wie man Arbeitsprozesse optimieren kann, indem sie Muster in den Produktionsdaten erkennt. Dadurch könnte die Effizienz gesteigert werden, und Führungskräfte hätten die Zeit, sich strategischen Themen zu widmen. Ein weiteres Beispiel ist der Einsatz von KI-gestützten Assistenzsystemen im Kundenservice, die Kundenanfragen automatisiert beantworten und die menschlichen Mitarbeitenden entlasten, sodass diese sich auf anspruchsvollere Anliegen konzentrieren können.

Fazit: Artificial Leadership bietet große Chancen, die Effizienz und Effektivität der Unternehmensführung zu steigern, insbesondere durch die Automatisierung von Routineaufgaben und die Unterstützung bei datenbasierten Entscheidungen. Die erfolgreiche Implementierung hängt jedoch stark von der Akzeptanz der Mitarbeitenden ab. Unterschiedliche Vorkenntnisse und die Gewöhnung an menschliche Führung machen eine gezielte Schulung und Kommunikation erforderlich. Eine gelungene Einführung von KI-basierten

Führungstools kann den Wandel hin zu einer modernen, datengetriebenen Führungskultur fördern und die Kompetenzen der Führungskräfte erweitern. Letztendlich kann dies zu einer Transformation führen, die die Rolle der Führungskräfte neu definiert und den Fokus verstärkt auf strategische und zwischenmenschliche Fähigkeiten legt.

Ein Umdenken in den Führungsprinzipien wird daher durch Artificial Leadership unausweichlich. Mitarbeitende müssen auf diese neuen Technologien vorbereitet werden, und Führungskräfte brauchen neue Kompetenzen, um effektiv mit intelligenten Systemen zu interagieren. Dies kann zu einer grundlegenden Transformation führen, die über die Gestaltung einzelner Arbeitsprozesse hinausgeht. Führungskräfte müssen lernen, die Stärken von KI-Systemen sinnvoll einzusetzen und gleichzeitig die menschlichen Stärken – wie Kreativität, Empathie und Entscheidungsfähigkeit in unklaren Situationen – weiterzuentwickeln. So entsteht eine synergetische Zusammenarbeit zwischen Mensch und Maschine, die den Erfolg des Unternehmens nachhaltig sichern kann.

4. KI und Leadership: Wissen und Akzeptanz auf dem Prüfstand

In diesem Kapitel wollen wir die Ergebnisse einer Umfrage präsentieren, welche den Kenntnisstand zur KI als auch die Akzeptanz von Artificial Leadership der Teilnehmenden betrachtet. Die Umfrage wurde im Winter 2023/2024 durchgeführt.

Nachfolgend werden die Wahrnehmung und das Wissen der Teilnehmenden zum Thema KI betrachtet. Um die Wahrnehmung zur KI bei den Teilnehmenden zu überprüfen, wurden unter anderem Fragen gestellt, welche auf deren Bedenken und Ängste eingingen. So musste angegeben werden, wie deren Einschätzung zur Privatsphäre und Datensicherheit ist, wie sie das Thema Ethik und KI betrachten, sowie ob sie sich negative Gedanken darüber machen, dass die KI außer Kontrolle geraten könnte.

In der Auswertung zum Thema Privatsphäre und Datensicherheit (s. Abbildung 5) zeigt sich, dass eine Mehrheit von 45 % stark bis sehr stark besorgt ist, dass KI (negative) Auswirkungen auf die Privatsphäre und Datensicherheit haben kann. Eine neutrale Haltung dazu haben insgesamt 35 % der Teilnehmenden. 20 % sind wenig oder sehr wenig besorgt.

Abbildung 5: *Auswertung zur Frage "Wie besorgt sind Sie über die möglichen Auswirkungen von Künstlicher Intelligenz auf die Privatsphäre und Datensicherheit?"*

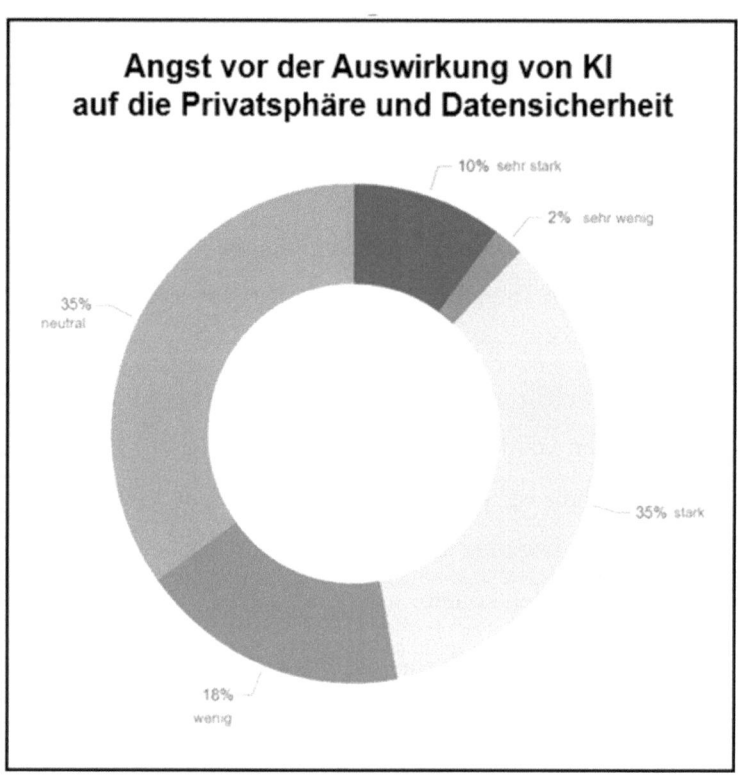

Quelle: eigene Darstellung.

Die Teilnehmenden wurden überdies gefragt, wie sie ihre Sorgen und Ängste hinsichtlich ethischer Fragen im Zusammenhang mit KI, wie zum Beispiel bzgl. der autonomen Entscheidungsfindung von KI-Systemen, einschätzen (s. Abbildung 6). Es gaben 48 % dabei an, starke bis sehr starke Befürchtungen zu haben, während 38 % diesem

Punkt neutral gegenüberstanden und wiederum 14 % wenige bis sehr wenige Befürchtungen hatten.

Abbildung 6: *Auswertung zur Frage "Wie bewerten Sie Ihre Sorgen oder Ängste hinsichtlich ethischer Fragen im Zusammenhang mit Künstlicher Intelligenz, wie zum Beispiel autonomes Entscheiden von KI-Systemen?"*

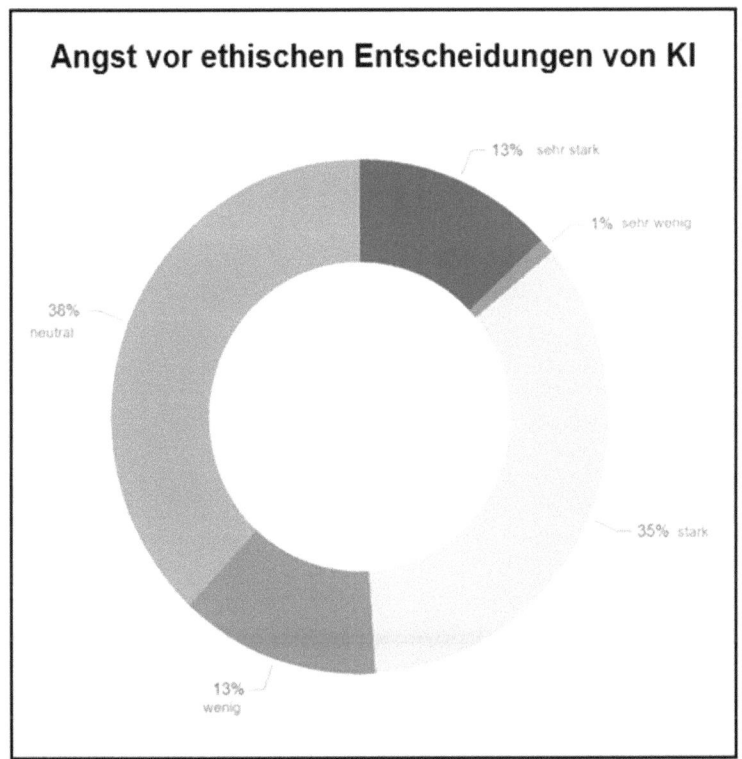

Quelle: eigene Darstellung.

Bei der Frage nach der Befürchtung, dass KI außer Kontrolle geraten und unvorhersehbare Folgen haben könnte, gaben 36 % der

Teilnehmenden an, wenig bis sehr wenig besorgt zu sein (s. Abbildung 7). Im Gegenzug waren 39 % der Teilnehmenden stark bis sehr stark besorgt und nur 25 % hatten eine neutrale Haltung hierzu.

Abbildung 7: *Auswertung zur Frage "Wie stark fürchten Sie sich davor, dass Künstliche Intelligenz außer Kontrolle geraten und unvorhersehbare Folgen haben könnte?"*

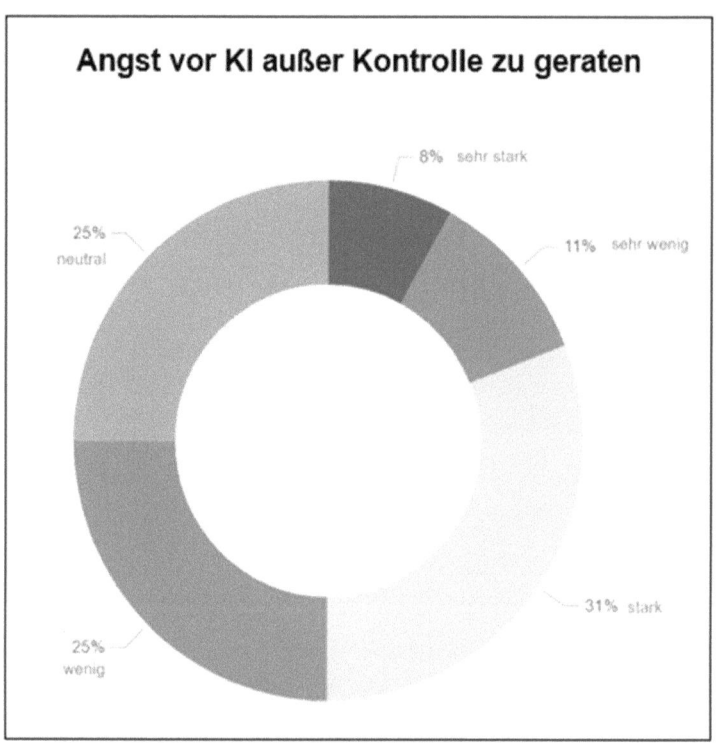

Quelle: eigene Darstellung.

Als weiterer Ansatz im Bereich der Wahrnehmung von KI wurde überprüft, inwiefern die Angst vor einer Rationalisierung der Arbeitsplätze durch KI vorherrscht. In diesem Zusammenhang wurde weiter ermittelt, ob es eine Korrelation dazu gibt, wie die Teilnehmenden die Akzeptanz und Anpassungsfähigkeit ihrer Unternehmen an KI im Team oder ihrer Organisation einschätzen. Zunächst wurde hierfür, ähnlich wie in den vorangegangenen Auswertungen, überprüft, wie die Ausprägungen der einzelnen Variablen zur Angst vor einer Rationalisierung durch KI bei den Teilnehmenden ist (s. Abbildung 8).

Laut der Umfrage gaben 52 % der Teilnehmenden an, starke bis sehr starke Befürchtungen zu haben, dass eine Rationalisierung der Arbeitsplätze durch KI eintreten könnte. Lediglich 19 % gaben an, dass sie eher wenige bis sehr wenige Befürchtungen hierzu haben, während 29 % den Zusammenhang als neutral betrachten.

Abbildung 8: *Auswertung zur Frage "Inwiefern befürchten Sie, dass Künstliche Intelligenz zukünftig Arbeitsplätze besetzen könnte?"*

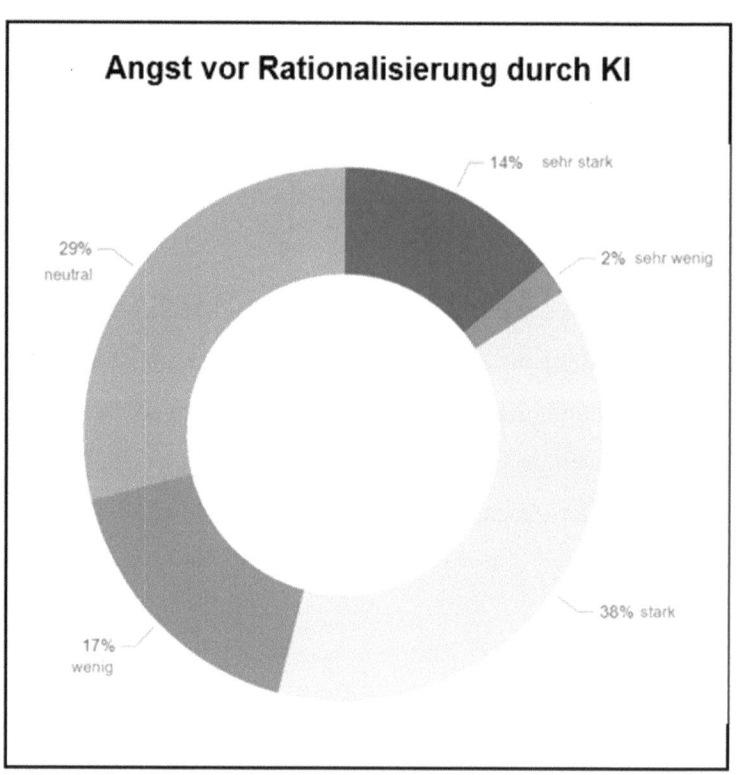

Quelle: eigene Darstellung.

Nachfolgend wurde die Einschätzung der Teilnehmenden zum Thema Artificial Leadership betrachtet. Hierbei wurde insbesondere gefragt, wie diese die Entscheidungsfindung von einer KI empfinden und die Führung durch KI wahrnehmen würden. Innerhalb der Entscheidungsfindung wurden die Teilnehmenden zum Thema Vertrauen, Zufriedenheit sowie Transparenz und Erklärbarkeit befragt.

Bei der Frage zur Vertrauenswürdigkeit von KI im Zusammenhang mit beruflichen oder persönlichen Entscheidungen gaben die Hälfte der Teilnehmenden (50 %) an, den Empfehlungen oder Vorschlägen von KI mit wenig bis gar keinem Vertrauen zu begegnen. Gerade einmal 11 % standen diesem positiv bis sehr positiv gegenüber, während 39 % eine neutrale Haltung hatten (s. Abbildung 9).

Abbildung 9: *Auswertung zur Frage "Wie vertrauenswürdig würden Sie die Empfehlungen oder Vorschläge finden, die von Künstlicher Intelligenz für Ihre berufliche oder persönlichen Entscheidungen gemacht werden?"*

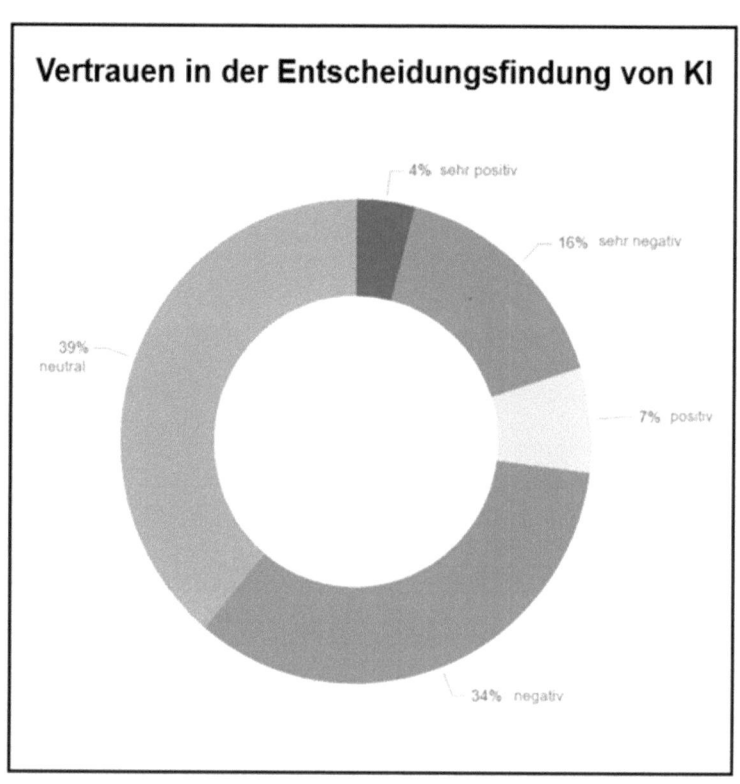

Quelle: eigene Darstellung.

Innerhalb der Zufriedenheit der Ergebnisse, die durch den Einsatz von KI in verschiedenen Situationen erzielt werden, kommt es zu einem ähnlichen Ergebnis (s. Abbildung 10). Von den Teilnehmenden gaben 42 % an, ihre Zufriedenheit sei als negativ bis sehr negativ zu sehen, während nur 14 % positiv bis sehr positiv gestimmt sind. Als neutral betrachte diesen Punkt eine Mehrheit von 44 %.

Abbildung 10: *Auswertung zur Frage "Inwiefern wären Sie zufrieden mit den Ergebnissen, die Sie durch den Einsatz von Künstlicher Intelligenz in verschiedenen Situationen erzielen?"*

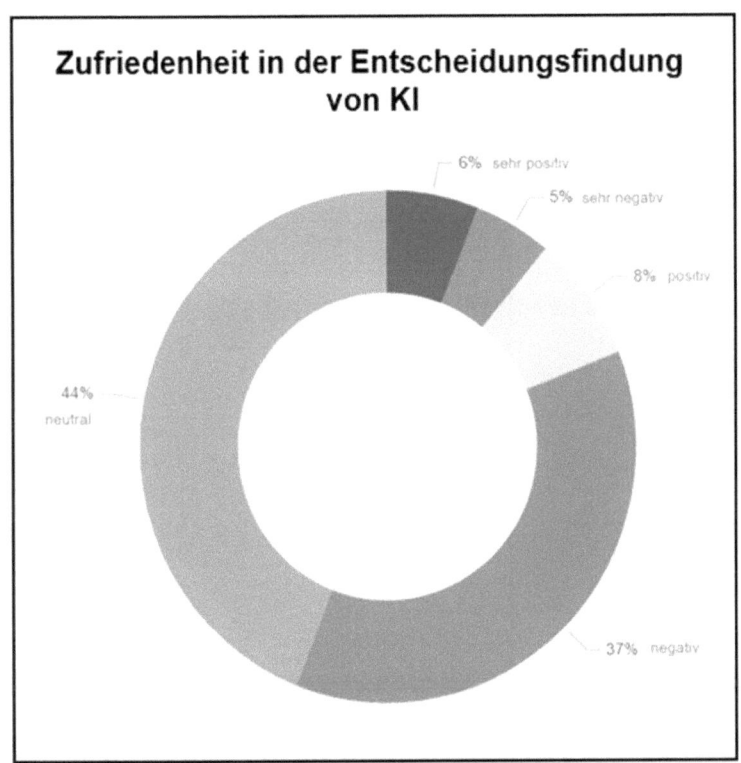

Quelle: eigene Darstellung.

In diesem Zusammenhang wurden die Teilnehmenden ebenfalls befragt, wie sie die Erklärbarkeit und Transparenz der Entscheidungsfindung durch KI wahrnehmen. Aufgrund der vorangegangenen Auswertungen in den Abbildungen 8 und 9 könnte die Annahme getroffen werden, dass es auch hier zu einer negativen Haltung kommt. Abbildung 11 zeigt jedoch auf, dass 50 % eine positive bis sehr positive Haltung gegenüber der Transparenz und Erklärbarkeit haben und lediglich 21 % eine negative bis sehr negative. 29 % betrachten diesen Punkt als neutral.

Abbildung 11: *Auswertung zur Frage "Wie würden Sie die Entscheidung empfinden, welche von Künstlicher Intelligenz getroffen wurde, basierend auf ihrer Transparenz und Erklärbarkeit?"*

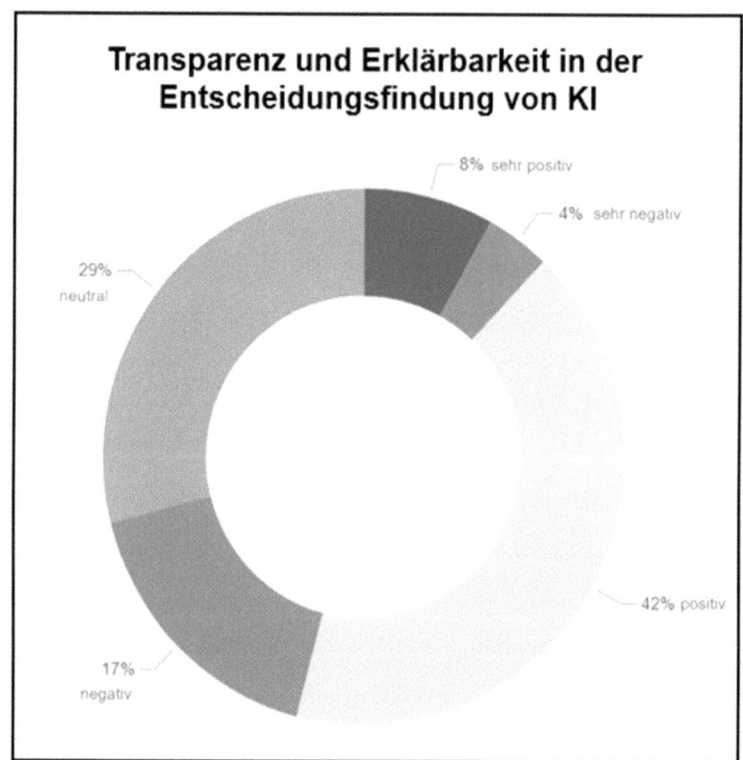

Quelle: eigene Darstellung.

Um die Frage zur Einschätzung der Teilnehmenden basierend auf der Führung durch KI zu erläutern, wird zunächst analysiert, für wie realistisch diese es halten, dass eine Führungskraft ganzheitlich durch KI ersetzt wird. Dabei zeigt Abbildung 12, dass 76 % der Teilnehmenden es für wenig bis gar nicht realistisch halten, dass KI die Führung von Mitarbeitenden übernimmt. Lediglich 15 % der Teilnehmenden halten es für realistisch oder sehr realistisch, während 9 % hierzu eine neutrale Haltung einnehmen.

Abbildung 12: *Auswertung zur Frage "Für wie realistischen halten Sie es, dass Künstliche Intelligenz in der Lage ist, Führungskräfte* *ganzheitlich zu ersetzen? (Bsp. Entwicklung der Mitarbeitenden, Problemlösungen entwickeln, soziale Komponente, etc.)"*

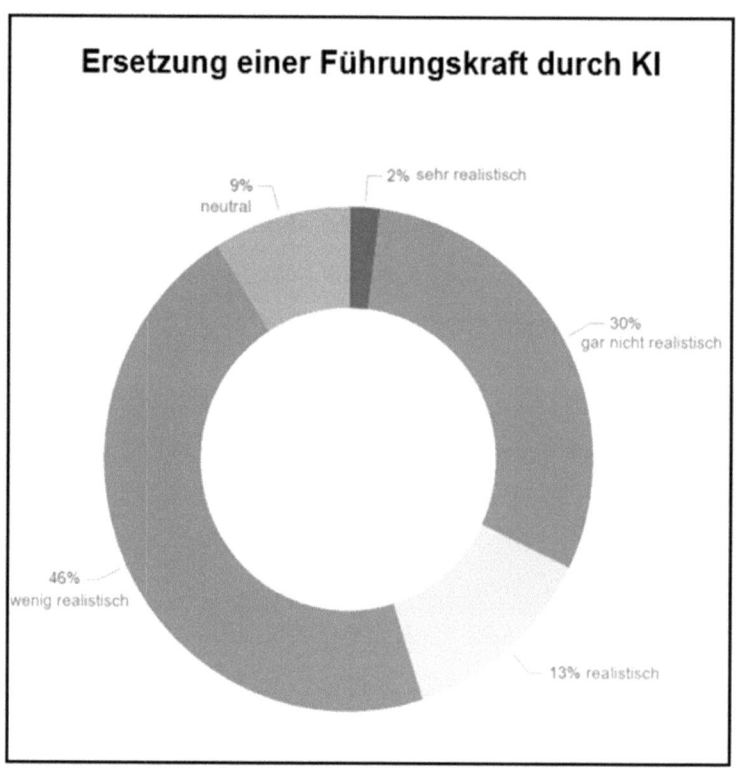

Quelle: eigene Darstellung.

5. Ergebnisse, Insights und Next Steps für die Praxis

Wir wollen im weiteren Verlauf die Ergebnisse aus der empirischen Untersuchung näher betrachten. Dies geschieht sowohl basierend auf der angeführten Theorie als auch auf den Ergebniszusammenhängen zwischen Akzeptanz der Mitarbeitenden und Faktoren für eine erfolgreiche Implementierung bzw. Wandlungsprozesse. Darauffolgend werden wir Handlungsempfehlungen für Unternehmen zur Implementierung von Artificial Leadership ableiten.

5.1 Zahlen im Klartext: Die wichtigsten Insights

Wir möchten an der Stelle erst einmal die Ergebnisse aus Kapitel 4 interpretieren. Dabei werden wir genauer schauen, ob wichtige Muster, Zusammenhänge und Auswirkungen zu erkennen sind.

Verschiedene Aspekte stehen hier im Fokus, unter anderem die Ängste der Teilnehmenden hinsichtlich ihrer Privatsphäre und Datensicherheit, deren Sorge um den Erhalt ihrer Arbeitsplätze im Kontext von KI, sowie deren allgemeine Akzeptanz zur Implementierung von KI-Lösungen in ihren Teams oder innerhalb ihrer Organisation.

Die Umfrage lässt erkennen, dass 45 % der Teilnehmenden um ihre Privatsphäre und Datensicherheit im Zuge der Einführung von KI besorgt sind. Die genauen Gründe für diese Einstellung gehen jedoch aus der Erhebung nicht hervor. Gleiches spiegelt sich auch in der Befürchtung wider, dass aufgrund der Implementierung von KI bestehende Arbeitsplätze rationalisiert werden. Hier gaben 48 % an, besorgt bis sehr besorgt zu sein. Angesichts dieser beiden Aspekte könnte angenommen werden, dass auch die Akzeptanz für die Implementierung von KI in Teams und Organisationen ein ähnliches Ergebnis zeigt. Dies widerspricht sich jedoch, da lediglich 30 % die Implementierung als negativ bis sehr negativ betrachten, während 32 % diese als positiv bis sehr positiv sehen. 39 % der Teilnehmenden haben hierzu eine neutrale Haltung (s. Abbildung 13).

Abbildung 13: *Auswertung zur wahrgenommenen Akzeptanz und Anpassungsfähigkeit der Unternehmen an Künstlicher Intelligenz*

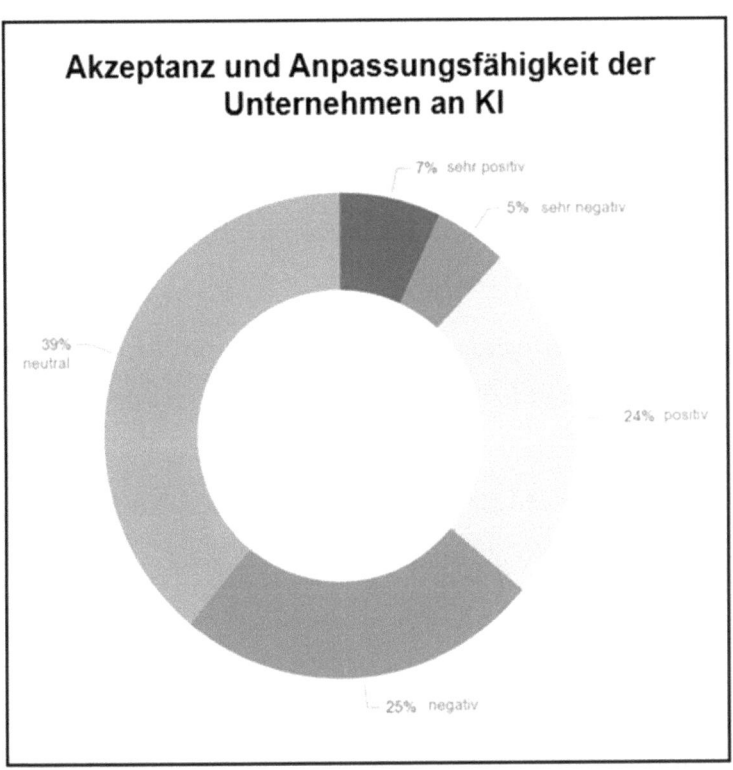

Quelle: eigene Darstellung.

An dieser Stelle ist zu klären, warum es zu solchen Abweichungen innerhalb der Ergebnisse kommt. Die Besorgnis um die Privatsphäre und Datensicherheit im Zusammenhang mit KI könnte auf fehlende Transparenz in Bezug auf den Umgang mit persönlichen Daten und KI-Anwendungen zurückzuführen sein. Auch könnten den Teilnehmenden die genauen Vorgehensweisen, wie ihre Daten von

KI-Systemen verarbeitet und geschützt werden, nicht ausreichend bekannt sein. Die Befürchtungen bzgl. der Rationalisierung von Arbeitsplätzen durch die Implementierung von KI könnten auf Unsicherheiten über die Auswirkungen auf bestehende Berufsfelder und ihre Qualifikationen zurückzuführen sein. Ggf. fehlen klare Kommunikation und Maßnahmen seitens der Unternehmensleitung, um ihre Mitarbeitenden über die Chancen und Herausforderungen im Zusammenhang mit KI aufzuklären.

Insgesamt gesehen weisen diese Abweichungen darauf hin, dass weitere differenzierte und kontextbezogene Analysen notwendig sind, um die Gründe für wahrgenommene Ängste im Zusammenhang mit der Einführung von KI genauer zu verstehen.

Im Bereich des Vertrauens und der Zufriedenheit bei der Entscheidungsfindung fällt besonders auf, dass die Teilnehmenden dieser überwiegend negativ eingestellt sind. Dies könnte darauf zurückzuführen sein, dass die Teilnehmenden Vorbehalte bzgl. der Transparenz und Nachvollziehbarkeit von KI-Entscheidungen haben. Weiter besteht die Möglichkeit, dass die Arbeitsweise von KI-Algorithmen für die Teilnehmenden nicht ausreichend verständlich ist, was zu einem Mangel an Vertrauen in die von KI getroffene Entscheidung führt. Ein weiterer Punkt könnte in der mangelnden Integration der Mitarbeitenden in Entscheidungsprozesse zu sehen sein. Wenn diese das Gefühl haben, dass KI-Systeme Entscheidungen autonom und ohne Berücksichtigung menschlicher Expertise treffen, könnte dies das Vertrauen beeinträchtigen. Die Ergebnisse der Umfrage könnten sich jedoch widersprechen, da 43 % der Teilnehmenden eine positive bis sehr positive Erklärbarkeit in KI-generierte Lösungen sehen. Der Aspekt der Transparenz und Nachvollziehbarkeit von KI-Entscheidungen könnte sich demzufolge widerlegen.

Für eine präzisere Erfassung und Analyse der Aspekte wären weitere qualitative Forschungsansätze hilfreich, um direkte Rückmeldungen der Teilnehmenden aufgreifen zu können. Dabei könnten detaillierte Einblicke in die spezifischen Bedenken und Erwartungen der Teilnehmenden gewonnen werden. Dies würde nicht nur eine genaue Betrachtung der sowohl negativen als auch positiven Einstellungen ermöglichen, sondern böte weitere Möglichkeiten, um konkrete Lösungsansätze für die Implementierung von KI-gestützten Entscheidungen zu identifizieren.

5.2 Faktoren, die die Mitarbeiterakzeptanz formen

Die Einführung von KI-gesteuerten Lösungen, wie z. B. Artificial Leadership, ermöglicht Unternehmen, innovative Lösungen zu etablieren und durch die Transformation von Arbeitsprozessen eine Effizienzsteigerung herbeizuführen. Eine erfolgreiche Implementierung hängt jedoch auch mit der Akzeptanz der Mitarbeitenden zusammen. Die Ergebnisse der Umfrage zeigen die Faktoren der Akzeptanz der Mitarbeitenden im Rahmen einer

Implementierung von Artificial Leadership auf. Gleichermaßen können diese Aspekte grundsätzlich auf die Einführung von KI-gesteuerten Technologien herangezogen werden.

Es ist auffällig, dass sich Mitarbeitende vor einer Rationalisierung ihrer Arbeitsplätze fürchten. Die Sorge um einen möglichen Verlust von Arbeitsplätzen kann zu Unsicherheiten führen und folglich die Akzeptanz beeinträchtigen. Diese Tatsache könnte insbesondere auf den geringen Kenntnisstand oder auch auf fehlende Qualifikationen der Mitarbeitenden zurückzuführen sein. Fehlende Qualifikationen könnten zudem dazu führen, dass aufgrund fehlender Fähigkeiten der Mitarbeitenden, ein KI-System effektiv zu nutzen, Widerstand entsteht. Des Weiteren sind die Bedenken zur Privatsphäre und Datensicherheit zentrale, die Akzeptanz beeinflussende Elemente. Hier gab eine große Anzahl der Teilnehmenden an, sich vor KI und ihren Möglichkeiten zu fürchten. Es ist anzunehmen, dass die Mitarbeitenden sicherstellen möchten, dass ihre persönlichen Daten geschützt sind und die Verwendung von KI keine ungewollten Konsequenzen für ihre Privatsphäre mit sich führt. Zudem ist das Vertrauen in die Ergebnisse einer KI essenziell. Mitarbeitende sollten die Funktionsweise von KI verstehen und deren Mehrwert erkennen. Aufgrund fehlender Kenntnisse über KI und deren Möglichkeiten könnte die Zufriedenheit mit den durch KI generierten Ergebnissen jedoch beeinflusst werden. Es könnte demnach abstrakt für

Mitarbeitende sein, warum ein technologisches System zu bestimmten Erkenntnissen und Handlungen kommt.

Kommunikation stellt im 5-Phasen-Modell nach Krüger einen wesentlichen Bestandteil von Wandlungsprozessen dar. Auch die genannten Faktoren zeigen, dass es für Unternehmen essenziell ist, ihre Transformationsvorhaben vorzubereiten. Dabei sollte unter anderem den Mitarbeitenden erläutert werden, warum eine KI oder neue Technologie implementiert wird. Auch der Mehrwert für die Mitarbeitenden und die Organisation sollte aufgezeigt werden, da der Nutzen mitunter nicht sofort eindeutig hervorgeht. Eine transparente Kommunikation schafft Verständnis bei den Mitarbeitenden, da sie dadurch die strategischen Ziele und Visionen hinter der Implementierung von KI-gesteuerten Lösungen besser nachvollziehen können.

Die Akzeptanz der Mitarbeitenden und die Implementierung von KI zeigen nicht nur technologische Aspekte auf, sondern beinhalten auch soziale und kommunikative Faktoren. Um die erfolgreiche Implementierung einer KI-Lösung in der Arbeitswelt zu gewährleisten, kann ein umfassendes Verständnis entsprechender Zusammenhänge hilfreich sein.

5.3 Next Steps: Empfehlungen für Unternehmen

Neben der Auswertung der Ergebnisse ist es wichtig, konkrete Handlungsempfehlungen abzuleiten. Diese sollen eine Brücke zwischen den theoretischen Erkenntnissen und den praktischen Anforderungen schlagen. Durch praxisnahe Empfehlungen kann dieses Buch wertvoll für die Lösung konkreter Probleme sein. Im Folgenden wollen wir unsere Handlungsempfehlungen vorstellen.

Handlungsempfehlung 1:

Entwicklung einer Vision und Strategie zum Einsatz von KI
Sie sollten klare Ziele und eine umfassende langfristig angelegte Vision für die Implementierung von KI in Ihren Unternehmen festlegen. In dieser wird eine klare und inspirierende Vorstellung für den Einsatz von KI im Unternehmen entwickelt. Sie setzt dabei auf langfristige Ziele und gewünschte Auswirkungen auf das Unternehmen und seine Stakeholder. Konkrete und messbare Ziele können dabei helfen die Strategie umzusetzen. Die Ziele sollten realistisch und erreichbar und als Meilensteine zur Verwirklichung der langfristigen Vision dienen. Die Einbeziehung relevanter Stakeholder wie z. B. der Mitarbeitenden muss berücksichtigt werden.

Handlungsempfehlung 2:

Gewährleistung des Datenschutzes bei der Nutzung von KI
Neben den bereits implementierten Datenschutzrichtlinien, sollten speziell auf die Nutzung von KI-Technologien Richtlinien entwickelt werden. Diese sollten den Umgang mit personenbezogenen Daten regeln und gesetzliche Anforderungen sicherstellen. Zugleich sollte sichergestellt werden, dass nur Daten erhoben werden, welche für die Nutzung einer KI-Anwendung erforderlich sind. Dabei sollte auf eine

Reduktion von verarbeiteten personenbezogenen Daten geachtet werden. Gleichermaßen können Techniken dazu beitragen Daten zu anonymisieren, um die Identifizierbarkeit von Personen zu verhindern. Weiter sollte eine Implementierung von robusten Sicherheitsmaßnahmen zum Schutz der Daten vorangebracht werden, um vor unbefugtem Zugriff, Verlust oder Manipulation zu schützen. Dieses kann durch Verschlüsselungen, Zugangskotrollen und regelmäßige Sicherheitsüberprüfungen erfolgen. Auch sollten Pläne zur Reaktion auf Datenschutzvorfälle implementiert werden, um im Falle eines Datenlecks schnell und effektiv zu handeln.

Kontinuierliche Überprüfungen und Anpassungen der bestehenden Prozesse können eine wirksame Umsetzung von Datenschutzmaßnahmen bei der Nutzung von KI darstellen. Regelmäßige Datenschutzüberprüfungen und Audits sind essenziell, um sicherzustellen, dass Datenschutzrichtlinien eingehalten werden und mögliche Schwachstellen frühzeitig identifiziert werden können. Auch gilt es die Funktionsweisen der eingesetzten KI-Systeme kontinuierlich zu überwachen. Durch ein fortlaufendes Monitoring kann gewährleistet werden, dass Systeme den festgelegten Datenschutzanforderungen entsprechen.

Handlungsempfehlung 3:
Analyse des Kenntnisstandes der Mitarbeitenden über KI
Bevor Sie eine KI innerhalb Ihrer Organisation einführen, kann es hilfreich sein, den Kenntnisstand Ihrer Mitarbeitenden zu evaluieren.

Dabei gilt es die Identifikation von Wissenslücken zu analysieren. Dies kann dazu beitragen, weitere notwendige Maßnahmen zur Implementierung, wie z. B. begleitende Workshops, abzuleiten. Ressourcen können dadurch effizient eingesetzt und die Effektivität der Weiterbildung maximiert werden.

Das Verständnis und die Akzeptanz von KI der Mitarbeitenden sind entscheidend für eine erfolgreiche Implementierung. Durch eine Abfrage können Unternehmen die Einstellung der Mitarbeitenden besser verstehen und gezielt Schritte ergreifen, um mögliche Widerstände zu adressieren. Partizipation im Implementierungsvorhaben trägt dazu bei, die Wertschätzung der Mitarbeitenden zu steigern.

Handlungsempfehlung 4:

Transparente Kommunikation innerhalb der Organisation

Sie sollten transparent und umfassend über die Gründe der Implementierung von KI in Ihrem Unternehmen kommunizieren. Hierbei ist es wichtig, nicht nur deren Mehrwert für das Unternehmen, sondern auch für die Mitarbeitenden aufzuzeigen. Dabei können Potenziale verdeutlicht werden, wie durch den Einsatz von KI neue Geschäftsbereiche erschlossen werden oder KI zu einer Steigerung der Effizienz beitragen kann. Eine transparente Kommunikation fördert das Vertrauen der Mitarbeitenden in den Implementierungsprozess. Wenn die Gründe für die Einführung von KI und die erwarteten

Vorteile kommuniziert werden, fühlen sich Mitarbeitende in den Prozess involviert.

Gleichermaßen schafft eine transparente Kommunikation eine Beseitigung von Unsicherheiten. Gerade KI-Implementierungen können Ängste vor Arbeitsplatzverlust oder Veränderungen in den Arbeitsprozessen auslösen. Durch eine ehrliche Kommunikation können diese Ängste adressiert und abgebaut werden. Sorgen können dadurch minimiert und eine positive Einstellung zur KI-Nutzung eher geschaffen werden.

Handlungsempfehlung 5:

Schulung von Mitarbeitenden zur Kenntniserweiterung von KI
Investieren Sie in Schulungsmaßnahmen für Ihre Mitarbeitenden, um diese auf den Umgang mit KI vorzubereiten. Hierbei sollten nicht nur technische Aspekte erläutert werden, sondern auch das Verständnis für die Auswirkungen von KI auf die Arbeitsprozesse. Die Akzeptanz kann durch Schulungen gefördert werden, da Unsicherheiten abgebaut werden. Des Weiteren können sich Mitarbeitende entsprechendes Know-how im Umgang mit den neuen Technologien aneignen und lernen, diese effektiv zu nutzen. Gleichermaßen kann es zu einer Optimierung der Arbeitsabläufe kommen, wenn Mitarbeitende ein gutes Verständnis von KI haben. Sie können zudem innovative Ideen und Vorschläge zur Nutzung von KI in ihren Arbeitsbereich einbringen, was zu einer Förderung von kontinuierlichen Verbesserungen innerhalb des Unternehmens führt.

Handlungsempfehlung 6:

Vernünftiges und professionelles Projektmanagement

Die Implementierung von KI in Unternehmen ist eine komplexe und ressourcenintensive Aufgabe. Ohne ein vernünftiges und professionelles Projektmanagement kann das Potenzial von KI-Lösungen nicht vollständig ausgeschöpft werden. Ein professionelles Projektmanagement kann Ihnen dabei helfen, Ihre strategische Ausrichtung mithilfe eines Projektplanes zu definieren. Weiter ermöglicht es eine effiziente Zuweisung von Ressourcen, einschließlich Personal, Budget und Zeit. Es kann auch im Risikomanagement unterstützten, da ein strukturiertes Projektmanagement Unsicherheiten, Bedenken und Herausforderungen identifizieren kann. Ein systematisches Projektmanagement kann außerdem erforderliche Qualitätsstandards setzen, welche für eine KI-Lösung erforderlich sind. Mithilfe agiler Projektmanagement-Methoden können dabei kontinuierliche Anpassungen und Verbesserungen vorgenommen werden, welches für eine iterative Entwicklung und Flexibilität spricht.

Definieren Sie daher für Ihr Projektvorhaben klare Ziele und KPIs. Identifizieren Sie dabei zuerst die spezifischen Geschäftsprobleme, die durch KI gelöst werden sollen und legen Sie dazu passende und messbare KPIs fest. Setzen Sie weiter auf multidisziplinäre Teams, die über die notwendigen Fähigkeiten und Kenntnisse verfügen. Ein multidisziplinäres Team kann dabei aus Data Scientists, IT-

Spezialisten, Fachleuten aus den jeweiligen Anwendungsbereichen und Projektmanagern bestehen. Unterstützen kann Sie dabei eine agile Projektmanagement-Methode wie Scrum oder Kanban, um die Entwicklung iterativ und flexibel zu gestalten. Führen Sie dabei regelmäßige Reviews des Projektfortschritts durch und passen Sie die Strategie bei Bedarf an. Dies ermöglich Ihnen, Probleme frühzeitig zu erkennen und sicherzustellen, dass das Projekt im Zeit- und Budgetrahmen bleibt.

Handlungsempfehlung 7:

Einbindung der Mitarbeitenden

Integrieren Sie die Mitarbeitenden aktiv in den Einführungsprozess. Holen Sie Feedback ein und berücksichtigen Sie deren Bedenken und Vorschläge. Dies stärkt nicht nur das Vertrauen und die Akzeptanz, sondern fördert auch eine offene Kommunikationskultur innerhalb des Unternehmens. Eine solche Einbindung erhöht die Wahrscheinlichkeit, dass Mitarbeitende Neuerungen positiv gegenüberstehen, da sie sich durch eine Einbindung im Projekt wertgeschätzt fühlen. Mitarbeitende die zudem in ein Projekt involviert werden, sind in der Regel motiviert und tragen aktiv zum Erfolg bei.

Mitarbeitende können zudem durch ihre praktische Erfahrung potenzielle Risiken innerhalb des Implementierungsprozesses frühzeitig identifizieren und entsprechende Maßnahmen vorschlagen. Die Einbeziehung ihrer Perspektive trägt dazu bei, dass eine

Implementierung nicht nur technologische Anforderungen erfüllt, sondern auch operativ reibungslos und effektiv umgesetzt wird.

Die aktive Einbindung der Mitarbeitenden stärkt zudem die Teamdynamik und das Zusammengehörigkeitsgefühl. Wenn alle Beteiligten das Gefühl haben, dass ihre Beiträge geschätzt und berücksichtigt werden, kann dies auch die Innovationskultur innerhalb des Unternehmens fördern.

Handlungsempfehlung 8:

Pilotprojekte und schrittweise Implementierung

Beginnen Sie mit kleinen Pilotprojekten. Diese bieten Ihnen eine wertvolle Gelegenheit, in einem kontrollierten Umfeld zu experimentieren und praktische Erfahrungen zu sammeln. Durch eine gezielte Auswahl von Pilotbereichen können Sie die spezifischen Bedürfnisse und Herausforderungen in unterschiedlichen Abteilungen oder Teams evaluieren und besser verstehen.

Nutzen Sie die Erkenntnisse aus diesen Projekten, um die Implementierung schrittweise zu optimieren und auszuweiten. Dabei sollten Sie die gewonnenen Daten systematisch analysieren und die besten Praktiken identifizieren, die auf das gesamte Unternehmen übertragen werden können. Diese iterative Vorgehensweise ermöglich es Ihnen, potenzielle Hindernisse frühzeitig zu erkennen und gezielt zu adressieren.

Das Feedback der Mitarbeitenden kann gleichzeitig von Ihnen genutzt werden, um die Akzeptanz zu erhöhen und das Vertrauen zu stärken. Feedback sollte dabei in regelmäßigen Abständen gesammelt und in den weiteren Optimierungsprozess integriert werden, um sicherzustellen, dass die Implementierung nicht nur technisch, sondern auch kulturell gut im Unternehmen verankert wird.

Handlungsempfehlung 9:

Klare Rollen- und Verantwortungsdefinition

Definieren Sie klar die Rollen und Verantwortlichkeiten von menschlichen Führungskräften und KI-Systemen. Eine eindeutige Abgrenzung der Aufgabenbereiche ist entscheidend, um Missverständnisse zu vermeiden und die Zusammenarbeit zwischen Mensch und KI effizient zu gestalten. Diese Klarheit hilft nicht nur dabei, Verantwortlichkeiten festzulegen, sondern auch, Vertrauen in die neue Technologie aufzubauen. Führungskräfte sollten genau wissen, in welchen Bereichen die KI sie unterstützen kann und welche Aufgaben nach wie vor ihre persönliche Expertise und Entscheidungskraft fordern.

Stellen Sie sicher, dass die Mitarbeitenden wissen, wann und wie sie die Unterstützung der KI nutzen können. Es ist wichtig den Mitarbeitenden klar zu vermitteln, wie die KI ihre Arbeit erleichtern kann, sei es durch Datenanalysen, Entscheidungsunterstützung oder Automatisierung routinemäßiger Aufgaben. Diese Transparenz fördert eine effektive Integration der KI in den Arbeitsalltag und reduziert Unsicherheiten.

Weiter sollten Sie klare Richtlinien entwickeln, die den Einsatz von KI in verschiedenen Szenarien regeln. Dies umfasst nicht nur technische Anweisungen, sondern auch ethische und rechtliche Überlegungen. Mitarbeitende sollten im Idealfall wissen, wie sie die KI-Ergebnisse interpretieren und in ihre Entscheidungen einfließen lassen können, ohne dabei ihre eigene Urteilsfähigkeit zu verlieren.

Die Etablierung regelmäßiger Feedback-Schleifen kann dabei helfen, Erfahrungen der Mitarbeitenden mit der KI zu reflektieren und mögliche Anpassungen vorzunehmen. Dies fördern eine kontinuierliche Verbesserung und Anpassung der Rollenverteilung zwischen Mensch und Maschine, um den sich verändernden Anforderungen gerecht zu werden. Eine klar definierte Zusammenarbeit trägt somit wesentlich zum Erfolg des gesamten Projekts bei und sichert eine effiziente und harmonische Arbeitsumgebung.

Handlungsempfehlung 10:
Schaffung einer unterstützenden Unternehmenskultur
Fördern Sie eine Kultur, die Innovation und den Einsatz neuer Technologien unterstützt, indem Sie eine Umgebung schaffen, in der neue Ideen und Ansätze offen diskutiert und getestet werden können. Ermutigen Sie Ihre Mitarbeitenden, mutig zu sein und kreative Lösungen zu entwickeln, ohne Angst Fehler zu begehen. Diese

Haltung hilft, eine positive Einstellung gegenüber Veränderungen und Weiterentwicklungen zu etablieren, welche notwendig ist, um in einem zunehmend digitalen und wettbewerbsintensiven Umfeld erfolgreich zu sein. Gleichzeitig sollten Führungskräfte als Vorbilder agieren und den Einsatz neuer Technologien aktiv vorleben, um deren Akzeptanz im gesamten Unternehmen zu fördern.

Betonen Sie die Bedeutung von Teamarbeit und Kooperation zwischen Mensch und Maschine, indem Sie die jeweiligen Stärken klar hervorheben. Menschen bringen Kreativität, emotionale Intelligenz und strategisches Denken ein, während Maschinen bei der Datenverarbeitung, Analyse und Automatisierung von Routineaufgaben unterstützen können. Diese Kombination sollte aktiv genutzt werden, um effizientere und intelligentere Arbeitsprozesse zu gestalten. Schaffen Sie Gelegenheiten, in denen Mensch und Maschine gemeinsam Projekte bearbeiten und fördern Sie den Austausch von Best Practices, um die Zusammenarbeit zu optimieren. Eine solche Herangehensweise stärkt nicht nur die Innovationskraft des Unternehmens, sondern sorgt auch dafür, dass Technologie als unterstützender Partner und nicht als Bedrohung wahrgenommen wird.

5.4 Unternehmenskultur meets KI Leadership: Chancen und Impulse

Bei der Einführung von Artificial Leadership kann Ihnen das KIAM helfen, da es sowohl das klassische Technologie- als auch Persönlichkeitsakzeptanzmodell miteinbezieht. Jedoch betrachtet es dabei nur, wie die Akzeptanz von Mitarbeitenden skizziert werden kann und nicht, wie sich eine Implementierung erfolgreich gestalten ließe.

Unser nachfolgendes Modell greift dabei das KIAM auf und setzt auf eine Erweiterung für ein mögliches Framework zur erfolgreichen Implementierung und zeigt vorbereitende Maßnahmen auf. Dabei werden die bereits erwähnten Handlungsempfehlungen aus Kapitel 5.3 einbezogen. Vorweg ist zu erwähnen, dass dieses Framework nicht nur bei der Implementierung von Artificial Leadership unterstützen kann, sondern ebenfalls für allgemein neue KI-gesteuerte Lösungen innerhalb einer Organisation.

Des Weiteren wird das 5-Phasen-Modell nach Krüger um drei weitere Phasen ergänzt (s. Abbildung 14):

Dabei handelt es sich sowohl um die Phase der Pre-Evaluierung, die nach der Initialisierung durch das Management erfolgt, als auch um die Phase der Post-Evaluierung, die nach den Trainings, welche ebenfalls als weitere Phase ergänzt werden, erfolgt.

Abbildung 14: *Erweiterung des Fünf-Phasen-Modells nach Krüger*

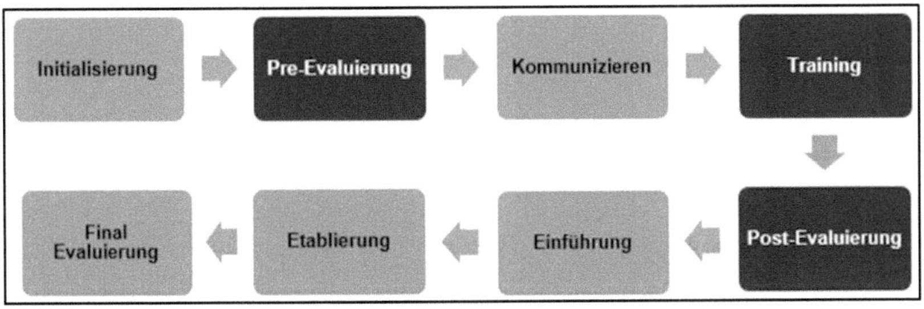

Quelle: eigene Darstellung.

Im Framework werden die acht Phasen miteinbezogen. Da sich dieses Buch auf die Auswirkung der Akzeptanz der Mitarbeitenden fokussiert, werden die Phasen Einführung, Etablierung und finale Evaluierung nicht näher erläutert.

Das Framework zeigt neben den Phasen drei Bereiche auf, die in

- Management,

- KI-Komitee und

- KIAM

aufgeteilt sind.

Beim Management handelt es sich bspw. um die Geschäftsführung oder den Vorstand, die die Vision und die Strategie zu KI-gesteuerten Lösungen entwickeln. Das Management ist dabei maßgeblich für die erste Phase der Initialisierung verantwortlich. Das KI-Komitee besteht aus Expertinnen und Experten, die mit neuen technologischen Lösungen vertraut sind. Dabei können sowohl interne Mitarbeitende als auch externe Partnerinnen und Partner involviert sein. Als Externer könnte unter anderem eine Unternehmensberatung unterstützen, die die Transformation einer Organisation begleitet. Das KI-Komitee begleitet zudem das Management im Rahmen einer Umfrage im Kreis der Mitarbeitenden zum Kenntnisstand und zur Akzeptanz von KI. In dieser soll neben den persönlichen Erfahrungen und dem jeweiligen Kenntnisstand der Mitarbeitenden auch herausgefunden werden, welche Wahrnehmung und welches Nutzerverhalten auf diese persönlich zutrifft. Diese Phase des Frameworks stellt dabei die Pre-Evaluierung dar. Über die Evaluierung der Umfrage hinaus, begleitet das KI-Komitee auch die Mitarbeitenden in Schulungen und Workshops zur KI. Das KIAM stellt lediglich die Berücksichtigung des Modells an sich dar, das bei der Implementierung angewendet werden sollte. Es dient gleichermaßen als wegweisende Instanz zur Analyse der Ergebnisse (s. Abbildung 15).

Abbildung 15: *Framework zur Konzeptionierung zur Implementierung von Artificial Leadership*

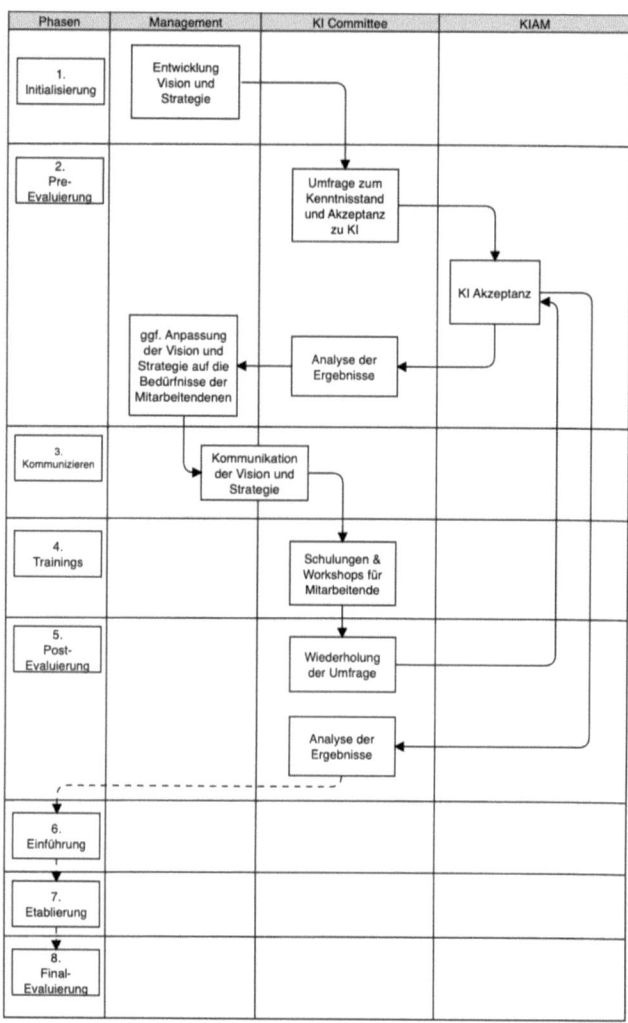

Quelle: eigene Darstellung.

Mithilfe der Umfrage bei den Mitarbeitenden in der Phase der Pre-Evaluierung soll deren Grad der KI-Akzeptanz ermittelt werden. Hierfür wurde ein Modell entwickelt, welches auf dem KIAM basiert. Im Wesentlichen wird mithilfe der Likert-Skala analysiert, wie hoch das Akzeptanzniveau für die Bereiche

- Technologieakzeptanz,
- spezifische KI-Technologieakzeptanz und
- KI-Persönlichkeitsakzeptanz

ist. Gleichermaßen wird analysiert, wie stark eine KI als Persönlichkeit wahrgenommen wird.

Im Vorfeld kann den Mitarbeitenden ein Fallbeispiel aufzeigt werden, welches auf der Vision und Strategie des Managements basiert. Ein Beispiel kann unter anderem sein, ein Tool zum Einsatz zu bringen, welches ähnlich wie ChatGPT agiert und textbasierte Nachrichten generiert. Um einen Akzeptanzgrad zu ermitteln, werden den Mitarbeitenden spezifische Fragen gestellt. Unter anderem wird gefragt, wie die persönliche Einstellung zu neuen Technologien sowie deren persönliche Affinität ist, sich neue Technologien anzueignen. Diese beispielhaften Fragen sollen die Unterschiede der individuellen Nutzerinnen und Nutzer ermitteln, die den wahrgenommenen Nutzen und der Verhaltensintention innerhalb der Technologieakzeptanz beeinflussen. Des Weiteren werden allgemeine Daten zu den Mitarbeitenden und ihrem jeweiligen Alter, ihren Berufserfahrungen und bisherigen Teilnahmen an einschlägigen Schulungsmaßnahmen aufzeigt. Auf diese Weise kann ein Überblick über die gesamte Belegschaft innerhalb einer Organisation geschaffen werden. Aus den erhaltenen Ergebnissen lässt sich ein KI-Akzeptanzgrad ableiten.

Anhand der Ergebnisse können – gemeinsam mit dem Management – die Vision und die Strategie angepasst werden. Eine Anpassung könnte z. B. sein, dass die Vision stufenweise umgesetzt wird und zunächst in Teilbereichen der Organisation eine KI-gesteuerte Lösung implementiert wird. Teilbereiche können dabei Fertigungsprozesse sein, welche automatisiert werden sollen. Die angepasste Vision und Strategie sollten zeitnah an die Belegschaft kommuniziert werden. Dies stellt die dritte Phase der Kommunikation dar.

Des Weiteren unterstützten die Ergebnisse das KI-Komitee darin, adressatengerechte Schulungsmaßnahmen und Workshops für die Mitarbeitenden zu identifizieren (vierte Phase der Trainings). Ziel soll es dabei sein, alle Mitarbeitenden auf ein ähnliches Wissensniveau zu bringen. Es ist jedoch dabei zu beachten, dass einige Mitarbeitende einen deutlichen höheren Kenntnisstand haben könnten als andere. Für diesen Fall gilt es, die betreffenden Arbeitnehmerinnen und Arbeitnehmer in den geplanten Schulungen und Workshops voneinander zu trennen oder vielleicht sogar diejenigen Mitarbeitenden mit einem höheren Kenntnisstand als Trainerinnen und Trainer in die Schulungsmaßnahmen und Workshops zu integrieren. Nach erfolgreicher Umsetzung der Maßnahmen sollte die Entwicklung mithilfe einer Post-Evaluierung überwacht werden, um zu analysieren, ob es zu einem höheren Akzeptanzgrad der Mitarbeitenden gekommen ist. Hierzu sollte eine weitere Umfrage mit den gleichen Fragen an die Mitarbeitenden erfolgen. Folglich kann die Entwicklung mithilfe folgender grafischer Darstellung verglichen werden.

Wie bereits eingangs erwähnt, kann dieses Modell dazu beitragen, die Implementierung für eine KI-gesteuerte Lösung innerhalb einer Organisation vorzubereiten. Gerade die Akzeptanz der Mitarbeitenden ist im Rahmen der Transformation essenziell, weshalb es gilt, diese im Vorfeld zu untersuchen.

6. Zusammenfassung und Ausblick

Grundsätzlich gilt für den Wandel innerhalb einer Organisation, diesen ausreichend vorzubereiten. Change-Management-Modelle wie das 5-Phasen-Modell nach Krüger können dabei unterstützen, in diesem Wandlungsprozess einen roten Faden zu verfolgen. Sie zeigen dabei auf, dass zunächst die Erarbeitung einer Vision und Strategie maßgeblich ist. Gleichermaßen ist deren Kommunikation innerhalb der Organisation und somit an die Mitarbeitenden erforderlich, um Widerstände bereits in der Implementierungsphase zu verhindern. Das vorliegende Buch zeigt jedoch, dass Kommunikation allein nicht ausreichend für einen solchen Wandel ist. Es kann insbesondere für Unternehmen hilfreich sein, das Akzeptanzniveau der Mitarbeitenden bzgl. des Einsatzes von Technologie zu erfragen. Je nach Akzeptanzgrad können Mitarbeitende im Wandlungsprozess durch gezielte Maßnahmen gestärkt werden. Hilfreiche Akzeptanzmodelle können unter anderem je nach Transformationsstrategie das TAM, UTAUT oder KIAM sein. An dieser Stelle soll jedoch betont werden, dass das KIAM eine detailliertere Form aufzeigt, da nicht nur das Nutzerverhalten hinterfragt wird, sondern auch beobachtet wird, wie das Verkörperungsniveau einer KI in einem Persönlichkeitsakzeptanzmodell eingeordnet wird.

Wir haben aufgezeigt, dass eine maschinelle Unterstützung innerhalb von Entscheidungsprozessen möglich ist. KI-gesteuerte Lösungen können dabei routinemäßige Arbeitsabläufe und standardisierte

Prozesse optimieren und steuern. Dadurch können auch einfache Tätigkeiten einer Führungskraft ersetzt werden. Ein Beispiel könnte die optimale Steuerung von Arbeitsplänen für die Belegschaft sein, die in Fertigungsprozessen vorgefunden werden. Führungskräfte könnten also durch diese Unterstützung ihre Führung und somit ihren Führungsstil kreativer gestalten. Ansätze einer transformationalen Führung wären vermehrt denkbar, sofern sich die Führung der Mitarbeitenden weniger auf die Erreichung von Arbeitsergebnissen konzentriert. Innerhalb dieser Führung könnten die Mitarbeitenden zudem individuell in ihrer Entwicklung gefördert werden.

Ob jedoch KI eine Führungskraft ganzheitlich ersetzen kann, ist zum gegenwärtigen Zeitpunkt noch Gegenstand des wissenschaftlichen Diskurses. Zwar können Routineaufgaben und -abläufe an eine KI übergeben und optimierte Ansätze für Geschäftsprozesse generiert werden, es fehlt jedoch zum heutigen Stand an emotionaler Intelligenz, wodurch einer KI folglich das Einfühlungsvermögen in die Mitarbeitenden fehlt. Eine KI kann derzeit noch nicht mit komplexen zwischenmenschlichen Situationen umgehen sowie auf individuelle Bedürfnisse von Mitarbeitenden eingehen. Emotionen können weder erkannt noch adäquat verstanden werden.

Bei der Betrachtung unserer empirischen Forschung tritt zutage, dass Mitarbeitende nach heutigem Stand kein Vertrauen in eine KI bzgl. des Schutzes ihrer Privatsphäre und der Nutzung ihrer persönlichen Daten haben. Sie sind des Weiteren mit den von einer KI generierten

Ergebnissen nicht zufrieden. Schlussfolgernd kann aus diesen angenommen werden, dass nur eine geringe Akzeptanz des Einsatzes von KI vorliegt.

Die Veränderung der Führung kann einen positiven Einfluss auf die Unternehmenskultur haben. Es ist jedoch kritisch zu betrachten, wie die Steuerung von standardisierten Arbeitsabläufen von der Belegschaft wahrgenommen wird. Es zeigte sich bereits bei der aquaRömer GmbH und Co.KG, dass 25 % der Arbeitsplätze aufgrund der Effizienzsteigerung durch KI rationalisiert wurden. Auch kam es vermehrt dazu, dass die Mitarbeitenden aufgrund effizienter Arbeitsabläufe, welche von der KI „Mary" generiert wurden, weniger in einen interpersonellen Austausch untereinander kamen. Dies könnte demnach negative Auswirkung auf die Unternehmenskultur haben.

Basierend sowohl auf den Ergebnissen unserer empirischen Untersuchung als auch auf den theoretischen Ansätzen haben wir Handlungsempfehlungen für Unternehmen abgeleitet. In diesem Zusammenhang wurde von uns auch ein Framework entwickelt, das zum einen auf einem Change-Management-Modell basiert und zum anderen auf den Akzeptanzmodellen. Als gesamtheitliches Ergebnis dieses Frameworks kann festgehalten werden, dass Unternehmen zunächst den aktuellen Akzeptanzgrad ihrer Mitarbeitenden bzgl. des Einsatzes von KI analysieren sollten. Dies kann mithilfe von Umfragen, die auf den aktuellen Kenntnisstand und die Wahrnehmung der Mitarbeitenden abzielen, hinterfragt werden. Aus den jeweiligen

Ergebnissen können Unternehmen weitere Maßnahmen, wie z. B. die Durchführung von Trainings zur Stärkung der Nutzung von KI durch die Mitarbeitenden, ableiten. Folglich können Unternehmen die Umfrage zur Ableitung der Entwicklung des Akzeptanzgrades wiederholen. Aber nicht nur die gezielten Trainings für die Mitarbeitenden sind für die Vorbereitung zum Einsatz von Artificial Leadership relevant, sondern auch die Kommunikation durch das Management. Dieses sollte dabei die von ihm verfolgte Vision und Strategie hinsichtlich des Einsatzes von KI-Systemen klar und transparent kommunizieren. Mitarbeitende sollten zu jeder Zeit wissen, welche Veränderungen sie erwarten, um auf diese Weise mögliche Ängste verringern zu können.

Die Einführung von Artificial Leadership kann also nicht ohne gezielte Kommunikation stattfinden, da das Fehlen von Kommunikation negative Auswirkung auf die Akzeptanz von Mitarbeitenden haben könnte. Es zeigt sich, dass diese im Umgang mit KI-Systemen dazu befähigt werden sollten, Vertrauen in ebendiese zu entwickeln. Die Vorbereitung auf die Einführung von Artificial Leadership ist dabei essenziell und sollte für Unternehmen eine zentrale Rolle einnehmen. Sowohl Ansätze aus dem Change-Management als auch Modelle zur Messung von Akzeptanz können diese Vorbereitung unterstützen.

Die Technologie entwickelt sich zunehmend weiter, so dass der Einsatz von Artificial Leadership durchaus denkbar ist. Wie eingangs anhand des beschriebenen Beispiels der aquaRömer GmbH & Co.KG aufgezeigt, werden bereits heute KI-Systeme zur Steuerung von Arbeitsabläufen verwendet.

Es ist zu hinterfragen, ob die Einführung von Artificial Leadership den Führungsstil von Führungskräften verändern könnte, sodass sich diese vermehrt kreativeren Aufgaben widmen können. Demzufolge könnte vermehrt auf die individuelle Entwicklung der einzelnen Mitarbeitenden eingegangen werden, was für eine transformationale Führung spricht. Es ist jedoch unklar, ob sich der Führungsstil wirklich verändert, sofern KI-Systeme routinemäßige Arbeitsabläufe der Führungskraft übernehmen.

Auch wenn zum jetzigen Zeitpunkt noch nicht genau absehbar ist, wie sich der tatsächliche Einsatz von Artificial Leadership innerhalb einer Organisation darstellt und auswirkt, sollte den Unternehmen bewusst sein, dass sich die Arbeitswelt zukünftig aufgrund neuer Technologien signifikant und in immer kürzeren Zeitabständen verändern wird. Unternehmen sollten sich daher auf die möglichen Herausforderungen von gezielten Transformationen entsprechend vorbereiten.

Literatur

Acatech (2013). "Recommendations for implementing the strategic initiative Industrie 4.0.

Alas, Ruth/Sharifi, Sudi (2002). Organizational learning and resistance to change in Estonian companies. Human Resource Development International 5 (3), 313–331. https://doi.org/10.1080/13678860210143550.

Andrew Dillon/Michael G. Morris (1996). User Acceptance of Information Technology: Theories and Models. Annual Review of Information Science and Technology 31. Online verfügbar unter https://www.researchgate.net/profile/andrew-dillon-5/publication/277983543_user_acceptance_of_information_technology_theories_and_models.

Bass, Bernard M./Avolio, Bruce J. (1993). Improving Organizational Effectiveness Through Transformational Leadership. Through Transformational Leadership. Sage Publications.

Bitkom e.V. (2022). Viele Unternehmen planen Stellen für Chief Digital Officer. Online verfügbar unter https://www.bitkom.org/Presse/Presseinformation/Chief-Digital-Officer-Stellen-2022#_ (abgerufen am 02.11.2023).

Brown, Terrence E./Ulijn, J. M. (2004). Innovation, Entrepreneurship and Culture. The Interaction Between Technology, Progress and Economic Growth. Edward Elgar Publishing.

Consulting Heads (2020). Digital Leadership: Kompetenzen, Führungsstile und Herausforderungen des Leaders 4.0. Online verfügbar unter https://www.consultingheads.com/blog/on-thejob/ (abgerufen am 01.11.2023).

Davis, F. D. (1985). A technology acceptance model for empirically testing new end-user information systems: Theory and results.

Deloitte (Hrsg.) (2022). State of AI in the Enterprise - 5th Edition report. Fueling the AI transformation: Four key actions powering widespread value from AI, right now. Online verfügbar unter https://www2.deloitte.com/content/dam/Deloitte/us/Documents/deloitte-analytics/us-ai-institute-state-of-ai-fifth-edition.pdf.

Felfe, Jörg (2005). Handbuch Qualitative Entwicklungspsychologie. Köln, KSV, Kölner Studien Verlag.

Gewerkschaft Nahrung-Genuss-Gaststätten (2019). Arbeit und Mitbestimmung in Zeiten von Industrie 4.0. "Mary" Grenzen setzen. Online verfügbar unter https://www.ngg.net/alle-meldungen/meldungen-2019/mary-grenzen-setzen/ (abgerufen am 22.08.2023).

Heyna, Phil/Fittkau, Karl-Heinz (2021). Transformationale Führung kompakt. Wiesbaden, Springer Fachmedien Wiesbaden.

Klenow, Peter J. (1998). Learning Curves and the Cyclical Behavior of Manufacturing Industries. Review of Economic Dynamics 1 (2), 531–550. https://doi.org/10.1006/redy.1998.0014.

Kollmann, Tobias (2020). Digital Leadership. Grundlagen der Unternehmensführung in der digitalen Wirtschaft. [S.l.], Gabler.

Kollmann, Tobias/Kollmann, Kilian/Kollmann, Niklas (2023). Artificial Leadership: Digital Transformation as a Leadership Task between the Chief Digital Officer and Artificial Intelligence. Journal of Business Science and Applied Management. 18. Online verfügbar unter https://www.business-and-management.org/library/2023/18_1--76-95-kollmann,kollmann,kollmann.pdf.

Kotter, John P. (2013). Leading Change. Wie Sie Ihr Unternehmen in acht Schritten erfolgreich verändern. Vahlen.

Krüger, Wilfried (Hg.) (2002). Excellence in change. Wege zur strategischen Erneuerung. 2. Aufl. Wiesbaden, Gabler.

Nerdinger, Friedemann W. (2019). Führung von Mitarbeitern. In: Arbeits- und Organisationspsychologie. Springer, Berlin, Heidelberg, 95–117.

Reed, Stephen W./Barnett, H. G. (1953). Innovation: The Basis of Cultural Change. American Sociological Review 18 (4), 441. https://doi.org/10.2307/2087564.

Ritu Agarwal/Jayesh Prasad (1997). The Role of Innovation Characteristics and Perceived Voluntariness in the Acceptance of Information Technologies. Decision Sciences 28 (3), 557–582. https://doi.org/10.1111/j.1540-5915.1997.tb01322.x.

Scheuer, Dennis (2020). Akzeptanz von Künstlicher Intelligenz. Grundlagen intelligenter KI-Assistenten und deren vertrauensvolle Nutzung. Wiesbaden, Springer Fachmedien Wiesbaden.

Tushman, Michael/O'Reilly, Charles A. (2002). Winning Through Innovation. A Practical Guide to Leading Organizational Change and Renewal. Harvard Business Press.

Ullrich, André/Vladova, Gergana/Thim, Christof/Gronau, Norbert (2019). Organisationaler Wandel und Mitarbeiterakzeptanz. Vorgehen und Handlungsempfehlungen. In: Robert Obermaier (Hg.). Handbuch Industrie 4.0 und digitale Transformation. Betriebswirtschaftliche, technische und rechtliche Herausforderungen. Wiesbaden, Springer Fachmedien Wiesbaden GmbH, 565–587.

Venkatesh/Morris/Davis (2003). User Acceptance of Information Technology: Toward a Unified View. MIS Quarterly 27 (3), 425. https://doi.org/10.2307/30036540.

Weibler, Jürgen/Endres, Sigrid/Kuhn, Thomas/Müssigbrodt, Matthias/Petersen, Malte (2016). Personalführung. 3. Aufl. München, Verlag Franz Vahlen.

Wiendeck, G. (1992). Akzeptanz. In: E. Friese (Hg.). Enzyklopädie der Betriebswirtschaft. Stuffgart, Poeschel, 89–98.

Zelesniack, Elena/Grolman, Florian (2023). Die besten Change Management-Modelle im Vergleich. Welche Change Management Modelle haben sich in der Praxis bewährt? Online verfügbar unter https://organisationsberatung.net/change-management-modelle-im-vergleich/ (abgerufen am 17.11.2023).

Zorn, Theodore E./Christensen, Lars Thøger/Cheney, George (1999). Do we really want constant change? San Francisco, CA, Berrett-Koehler Communications.